健康《けんこう》の世紀《せいき》へ

福徳《ふくとく》長寿《ちょうじゅ》の智慧《ちえ》

池田大作

Toward a Century of Health

目次

装幀 HAL
表紙撮影 堀井美恵子

一、本書は、「大白蓮華」に掲載された「世界を照らす太陽の仏法」（二〇一九年九月号〜十二月号、二〇二〇年九月号）を、著者の了解を得て『健康の世紀へ　福徳長寿の智慧』として収録した。

一、御書の御文は、『日蓮大聖人御書全集』（創価学会版）に基づき、ページ数は（全〇〇㌻）と示した。『日蓮大聖人御書全集　新版』（創価学会版）のページ数は（新〇〇㌻）と示した。

一、法華経の経文は、『妙法蓮華経並開結』（創価学会版、第二刷）に基づき（法華経〇〇㌻）と示した。

一、引用文のなかで、旧字体を新字体に、旧仮名遣いを現代仮名遣いに改めたものもある。また、句読点を補ったものもある。

一、肩書、名称、時節等については、掲載時のままにした。

一、説明が必要と思われる語句には、（注〇）を付け、編末に［注解］を設けた。

——編集部

「病《やまい》ある人　仏《ほとけ》になる」——病魔《びょうま》に負《ま》けない師子吼《ししく》の題目

二十一世紀《せいき》はどんな時代《じだい》になるか——。

〝現代化学《げんだいかがく》の父《ちち》〟と呼《よ》ばれた、アメリカのライナス・ポーリング博士〈注1〉に、私は「生命《せいめい》の世紀《せいき》」というビジョンを申《もう》し上《あ》げたことがあります。

その折《おり》、博士は即座《そくざ》に、二十一世紀《せいき》とは、「人間生命《せいめい》そのものに今まで以上《いじょう》の焦点《しょうてん》があたり、人間の幸福《こうふく》と健康《けんこう》が大事《だいじ》にされる時代《じだい》だと思《おも》います」と応《おう》じられました。

偉大《いだい》な平和活動家《へいわかつどうか》でもあった博士は、〝二十一世紀《せいき》を「生命《せいめい》の世紀《せいき》」に、との展望《てんぼう》は素晴《すば》らしい〟と全面的《ぜんめんてき》に賛同《さんどう》されたのです。

健康《けんこう》は基本的人権《きほんてきじんけん》の重要《じゅうよう》な柱《はしら》

平和《へいわ》な社会《しゃかい》で暮《く》らし、健康《けんこう》と幸福《こうふく》を享受《きょうじゅ》できること、病気《びょうき》や障《しょう》がいの有無《うむ》にかかわらず、誰《だれ》もが尊厳《そんげん》をもって生きられること、病気《びょうき》の不安《ふあん》や苦《くる》しみから解《かい》放《ほう》されること、劣悪《れつあく》な生活環境《せいかつかんきょう》や飢餓《きが》や感染症《かんせんしょう》等《とう》の危険《きけん》から免《まぬか》れること――現《げん》代世界《だいせかい》において、「平和《へいわ》」とともに「健康《けんこう》」は、基本的人権《きほんてきじんけん》の重要《じゅうよう》な柱《はしら》であり、一段《いちだん》と一人一人《ひとりひとり》の尊厳性《そんげんせい》に関《かか》わる問題《もんだい》となってきたといえるでしょう。

国連《こくれん》の「持続可能《じぞくかのう》な開発目標《かいはつもくひょう》（ＳＤＧｓ《エスディージーズ》）」〈注2〉として定《さだ》められた項目《こうもく》の中にも「すべての人に健康《けんこう》と福祉《ふくし》を」が掲《かか》げられています。

二十一世紀《せいき》を「生命《せいめい》の世紀《せいき》」、そして「健康《けんこう》の世紀《せいき》」として、ますます、人間一人一人《ひとり》が輝《かがや》き、生命《せいめい》という尊極《そんごく》の宝塔《ほうとう》が林立《りんりつ》する時代《じだい》にしていきたいと、決意《けつい》を強《つよ》くせずにはいられません。

生死《しょうじ》の苦悩《くのう》の解決《かいけつ》目指《めざ》す仏法

創価学会は、草創《そうそう》以来《いらい》、「人間と病気《びょうき》」という根本問題《こんぽんもんだい》と真剣《しんけん》に向《む》き合《あ》ってきました。もちろん、病気《びょうき》の症状《しょうじょう》や治療法《ちりょうほう》の研究《けんきゅう》など、医療技術《いりょうぎじゅつ》は日進月歩《にっしんげっぽ》、目覚《めざ》ましい発展《はってん》を遂《と》げています。

医学《いがく》を尊重《そんちょう》し、活用《かつよう》することは当然《とうぜん》です。医学《いがく》と信仰《しんこう》の関係《かんけい》は、本来《ほんらい》、全《まった》く矛盾《むじゅん》するものではありません。

ただ、戦後《せんご》の日本で、学会が希望《きぼう》と蘇生《そせい》の光《ひかり》を人々に送《おく》っていった時《とき》、世間《せけん》から浴《あ》びせられたのは、「貧乏人《びんぼうにん》と病人《びょうにん》の集《あつ》まり」という嘲笑《ちょうしょう》と批判《ひはん》でした。

しかし、恩師《おんし》・戸田城聖《じょうせい》先生は、「貧乏人《びんぼうにん》と病人《びょうにん》の集《あつ》まりの何《なに》が悪《わる》い！　一番苦《くる》しんでいる人を救《すく》うのが、真《しん》に力《ちから》ある宗教《しゅうきょう》じゃないか」と誇《ほこ》り高《たか》く言《い》い放《はな》たれました。

そもそも、貧困《ひんこん》ゆえに、また病気《びょうき》ゆえに、人を軽《かろ》んずるのは、人間として恥《は》ずべき行為《こうい》であり、人権侵害《じんけんしんがい》です。しかし、そうした良識《りょうしき》さえ軽視《けいし》する人もいたのです。

勇気《ゆうき》と力《ちから》を与《あた》える真《しん》の宗教《しゅうきょう》

病気《びょうき》は、その症状《しょうじょう》だけではなく、生きる希望《きぼう》を奪《うば》い、生活《せいかつ》や幸福《こうふく》を破壊《はかい》し、未来《みらい》を閉《と》ざしてしまう場合《ばあい》さえあることが問題《もんだい》なのです。

まさに病魔《びょうま》というべき〝負《ふ》のエネルギー〟と真正面《ましょうめん》から闘《たたか》い、人々に生きる勇気《ゆうき》と力《ちから》を送《おく》り、人間の尊厳《そんげん》を蘇《よみがえ》らせてこそ、真《しん》の「人間のための宗教《しゅうきょう》」ではないでしょうか。

私たちは、民衆救済《みんしゅうきゅうさい》の旗《はた》を掲《かか》げ、社会《しゃかい》の谷間《たにま》で苦《くる》しむ庶民《しょみん》の真《ま》っただ中《なか》で、常《つね》に、共《とも》に励《はげ》まし合《あ》い、共々《ともども》に人生の苦難《くなん》を乗《の》り越《こ》え、生命《せいめい》の凱歌《がいか》を響《ひび》かせてきました。

その歴史《れきし》は、「永遠《えいえん》に民衆《みんしゅう》の側《がわ》に立つ」と誓《ちか》い、進《すす》んできた創価の同志《どうし》の誉《ほま》れです。

「生《しょう》」「老《ろう》」「病《びょう》」「死《し》」の苦悩《くのう》を克服《こくふく》

この「病《びょう》」、さらに「老《ろう》」「死《し》」の問題《もんだい》を、人間が生きる上で避《さ》けられないものと直視《ちょくし》して、その苦悩《くのう》の解決《かいけつ》を目指《めざ》したのが仏教《ぶっきょう》です。

誰《だれ》しも健康《けんこう》でいたい、長生《ながい》きしたい、人生の幸福《こうふく》をつかみたい、と願《ねが》っています。そのために、生老病死《しょうろうびょうし》〈注3〉の闇《やみ》を照《て》らす仏法の智慧《ちえ》の光明《こうみょう》は、いよいよ大いなる希望《きぼう》の輝《かがや》きを放《はな》つに違《ちが》いありません。

本書では「健康《けんこう》の世紀《せいき》へ　福徳長寿《ふくとくちょうじゅ》の智慧《ちえ》」と題《だい》して、幾《いく》つかの観点《かんてん》から、日蓮大聖人の珠玉《しゅぎょく》の御指導《ごしどう》を学んでいきます。

最初《さいしょ》に、「妙心尼御前御返事《みょうしんあまごぜんごへんじ》」〈注4〉の有名《ゆうめい》な一節《いっせつ》を拝《はい》しましょう。

妙心尼御前御返事《みょうしんあまごぜんごへんじ》

（全一四八〇ジペー・新一九六三ジペー）

御　文

このやまひは仏《ほとけ》の御《おん》はからひか・そのゆへは浄名経《じょうみょうきょう》・涅槃《ねはん》経《ぎょう》には病《やまい》ある人《ひと》仏《ほとけ》になるべきよしとかれて候《そうろう》、病《やまい》によりて道《どう》心《しん》はをこり候《そうろう》なり

現代語訳

（夫《おっと》である高橋入道殿《たかはしにゅうどうどの》の）この病気《びょうき》は、仏《ほとけ》の御計《おんはか》らいでしょうか。その故《ゆえ》は、浄名経《じょうみょうきょう》・涅槃経《ねはんぎょう》には、病《やまい》のある人が仏《ほとけ》になれるということが説《と》かれています。

病《やまい》によって、仏道《ぶつどう》を求《もと》める心《こころ》が起《お》こるのです。

“病《やまい》は仏《ほとけ》の御計《おんはか》らい”と御指導《ごしどう》

病気《びょうき》の夫《おっと》・高橋入道《たかはしにゅうどう》を抱《かか》えた、妻《つま》・妙心尼御前《みょうしんあまごぜん》への渾身《こんしん》の励《はげ》ましです。

本抄《ほんしょう》は、先師《せんし》・牧口常三郎《つねさぶろう》先生も大切《たいせつ》にされ、同志《どうし》を励《はげ》ます際《さい》にも拝《はい》されています。

高橋入道《たかはしにゅうどう》の容体《ようだい》は相当《そうとう》、深刻《しんこく》な状態《じょうたい》が続《つづ》いていたようです。支《ささ》える妙心尼《みょうしんあま》もどれほど不安《ふあん》を募《つの》らせていたことでしょうか。

その夫妻《ふさい》に対《たい》して、大聖人は、「妙法蓮華経の五字」が「閻浮提《えんぶだい》の人の病《やまい》の良薬《りょうやく》」であると示《しめ》された上で、「このやまひは仏《ほとけ》の御《おん》はからひか」と、深《ふか》く大きく包《つつ》み込《こ》まれています。御本仏《ごほんぶつ》の大慈悲《だいじひ》に潤《うるお》され、安心感《あんしんかん》が広《ひろ》がっていくようです。

私たちにとって、思《おも》いがけず直面《ちょくめん》した病苦《びょうく》は、ただ忌《い》み嫌《きら》う対象《たいしょう》ではないということです。むしろ、かけがえのない人生の一部《いちぶ》、それも「一生成仏《いっしょうじょうぶつ》」、すなわち永遠《えいえん》の幸福《こうふく》への欠《か》かせぬプロセスであると捉《とら》えるならば、今こそ強盛《ごうじょう》の信心を燃《も》え上《あ》がらせる「まことの時《とき》」と確信《かくしん》することができるのではないでしょうか。断《だん》じて試練《しれん》を乗《の》り越《こ》えていける。そして、より深《ふか》い人生の味《あじ》を知《し》り、人間として大きく成長《せいちょう》することができるのです。

病気自体《びょうきじたい》が敗北《はいぼく》ではない

浄名経《じょうみょうきょう》（維摩経《ゆいまきょう》）では、病《やまい》に伏《ふ》していた維摩詰《ゆいまきつ》〈注5〉が、見舞《みま》いに訪《おとず》れた文《もん》殊菩薩《じゅぼさつ》から病《やまい》の由来《ゆらい》を問《と》われると、「一切衆生病《いっさいしゅじょうや》めるを以《もっ》て是《こ》の故《ゆえ》に我病《われや》む」等《とう》と明《あ》かします。

維摩詰《ゆいまきつ》は「菩薩《ぼさつ》の病《やまい》は大悲《だいひ》を以《もっ》て起《おこ》れるなり」とも語《かた》っています。苦悩《くのう》の衆《しゅ》生《じょう》に同苦《どうく》するゆえに菩薩《ぼさつ》も病《や》む。病苦《びょうく》を共《とも》にすることは菩薩《ぼさつ》の修行《しゅぎょう》となるというのです。

涅槃経《ねはんぎょう》では、仏《ほとけ》も病者《びょうしゃ》の姿《すがた》を現《あらわ》しました。これらは「病《やまい》ある人《ひと》仏《ほとけ》になる」という道理《どうり》を示《しめ》されたものであると、大聖人は仰《おお》せです。

法華経でも、釈尊《しゃくそん》は「少病少悩《しょうびょうしょうのう》」〈注6〉と説《と》かれています。仏《ほとけ》も菩薩《ぼさつ》も、そして凡夫《ぼんぷ》も、全《まった》く同《おな》じ十界互具《じっかいごぐ》〈注7〉の生命《せいめい》であり、生老病死《しょうろうびょうし》の苦悩《くのう》は避《さ》けられない。病気《びょうき》も、生命《せいめい》のありのままの姿《すがた》です。病苦《びょうく》それ自体《じたい》は自然《しぜん》の摂理《せつり》です。

ゆえに病気《びょうき》になること自体《じたい》、何《なん》ら恥《は》ずかしいことでもないし、まして人生の敗北《はいぼく》などでは断《だん》じてありません。しかし、「自分《じぶん》は信心しているのに、なぜ」と疑《うたが》いがもたげたり、「こんな時《とき》に病気《びょうき》になって」と苦《くる》しんだりする人もいるかもしれません。

だからこそ、「このやまひは仏《ほとけ》の御《おん》はからひか」と受《う》け止《と》める信心が肝要《かんよう》なのです。偉大《いだい》な妙法を持《たも》つ人が宿命《しゅくめい》を打開《だかい》できないはずがありません。嘆《なげ》くことはありません。恐《おそ》れることもありません。大事《だいじ》なことは、病気《びょうき》になったという現実《げんじつ》に、いかに向《む》き合《あ》い、どういう一念《いちねん》で立ち上がるかです。

仏法を求《もと》める心自体《じたい》が尊《とうと》い

大聖人は「病《やまい》によりて道心《どうしん》はをこり候《そうろう》なり」と仰《おお》せです。「道心《どうしん》」とは仏道《ぶつどう》を求《もと》める心です。成仏《じょうぶつ》への軌道《きどう》に入るということです。

妙法の題目を唱《とな》え、病気《びょうき》に負《ま》けず、立《た》ち向《む》かう中で、実《じつ》は、一段《いちだん》と大きく仏《ほとけ》の境涯《きょうがい》を開《ひら》いていける。より深《ふか》く、強《つよ》く、尊《とうと》く人生を生きていくことができる。そして、「病《びょう》」や「老《ろう》」や、「生」と「死《し》」の実相《じっそう》を、恐《おそ》れなく明《あき》らかに見つめられる功徳《くどく》を満々《まんまん》と得《え》ていけるのです。

戸田先生は、仏《ほとけ》も「少病少悩《しょうびょうしょうのう》」といわれることについて、「人生に病気《びょうき》がなければ、おもしろくありません。病気《びょうき》と闘《たたか》う衆生《しゅじょう》を救《すく》うには、仏自身《ほとけじしん》も、病気《びょうき》をもっていないとつきあいにくいからです」と、病気《びょうき》になるのは深《ふか》い意味《いみ》があると言《い》われていました。

自身《じしん》の人生と使命《しめい》を見つめ直《なお》す

ロシアの文豪《ぶんごう》トルストイ〈注8〉も、「病気《びょうき》とは……人間と切《き》り離《はな》すことのできない生活条件《せいかつじょうけん》の一つと考《かんが》えるようにしなければならない」と、深《ふか》い洞察《どうさつ》を残《のこ》しました。自身《じしん》も、何度《なんど》も闘病《とうびょう》を経験《けいけん》しています。

「人間が自分《じぶん》のなすべきことをなすのを妨《さまた》げるような病気《びょうき》はない」、また「人間は病気《びょうき》のときも健康《けんこう》なときも変《か》わりなく、自分《じぶん》の使命《しめい》を遂行《すいこう》できる」とも言《い》っています。

病《やまい》を人間の本然的苦悩《ほんねんてきくのう》として見つめていってこそ、真《しん》の人生の豊《ゆた》かさを知《し》ることができるということでしょう。

仏法では、病気《びょうき》は生命《せいめい》に本然的《ほんねんてき》に具《そな》わっているものと捉《とら》えます。

病《やまい》に直面《ちょくめん》して、健康《けんこう》の大切《たいせつ》さ、生命《せいめい》の尊《とうと》さを実感《じっかん》していくのです。自身《じしん》の人生と使命《しめい》を一重深《いちじゅうふか》く見つめ直《なお》すことができるのです。

その上で、強盛《ごうじょう》な信心、不屈《ふくつ》の祈《いの》りで病魔《びょうま》と闘《たたか》い、自身《じしん》の偉大《いだい》な境涯《きょうがい》を築《きず》いていく姿《すがた》は、皆《みな》に勇気《ゆうき》と希望《きぼう》を贈《おく》ります。「病《やまい》」は、即《そく》「使命《しめい》」です。

経王殿御返事《きょうおうどのごへんじ》

御文　（全一一二四㌻・新一六三三㌻）

南無妙法蓮華経は師子吼《ししく》の如《ごと》し・いかなる病《やまい》さはり《障》をなすべきや

現代語訳

南無妙法蓮華経は師子吼《ししく》のようなものである。どのような病《やまい》が障《さわ》りをなすことができようか。

「南無妙法蓮華経は師子吼《ししく》の如《ごと》し」

どれほど多《おお》くの学会員が、この「経王殿御返事《きょうおうどのごへんじ》」〈注9〉の一節《いっせつ》を抱《だ》き締《し》めて病魔《びょうま》と闘《たたか》い、敢然《かんぜん》と打《う》ち勝《か》ってきたことでしょうか。

御文《ごもん》の前《まえ》には、大聖人御自身《ごじしん》が「二六時中《にろくじちゅう》（一日中）」、経王御前《きょうおうごぜん》の快癒《かいゆ》を祈《いの》っていると仰《おお》せです。「南無妙法蓮華経」を師子吼《ししく》する人を、どんな病《やまい》も断《だん》じて邪魔《じゃま》することはできないと励《はげ》まされているのです。いわば、師子王《ししおう》が吼《ほ》えれば百獣《ひゃくじゅう》が震《ふる》え上《あ》がって屈服《くっぷく》するのと同《おな》じようなものです。

この大聖人の仰《おお》せのままに、日本中、世界中《せかいじゅう》の地涌《じゆ》の友《とも》が、「病魔《びょうま》なんかに負《ま》けてたまるか！」と勇気《ゆうき》を奮《ふる》い起《お》こしてきました。いかなる障魔《しょうま》の嵐《あらし》が競《きそ》い起《お》ころうとも、われらの「成仏《じょうぶつ》への直道《じきどう》」を、広布と人生の「幸福勝利《こうふくしょうり》への大道《だいどう》」を遮《さえぎ》ることはできません。何《なに》ものにも邪魔《じゃま》はさせません。

この師子吼《ししく》の祈《いの》りがあるかぎり、「わざはひ《禍》も転《てん》じて幸《さいわい》となるべし」（全一一二四㌻・新一六三三㌻）と仰《おお》せの通《とお》り、変毒為薬《へんどくいやく》〈注10〉、宿命転換《しゅくめいてんかん》〈注11〉の勝利《しょうり》は絶対《ぜったい》に間違《まちが》いないのです。創価の師弟《してい》が唱《とな》える師子吼《ししく》の題目は無敵《むてき》です。

「病気《びょうき》」と「病魔《びょうま》」は違《ちが》う

ここで確認《かくにん》しておきたいことは、「病気《びょうき》」と「病魔《びょうま》」は同《おな》じではないということです。

病気《びょうき》そのものは「生老病死《しょうろうびょうし》」の理《ことわり》であり、誰一人《だれひとり》、無縁《むえん》の人はいません。しかし、その病気《びょうき》のために、人は絶望《ぜつぼう》したり、人生を諦《あきら》めたり、生きる力《ちから》を失《うしな》ったりします。仏法の眼《まなこ》で見れば、生命力《せいめいりょく》を奪《うば》う「奪命《だつみょう》」の働《はたら》きをするゆえに、病《やまい》は「魔《ま》」となるのです。

この「病魔《びょうま》」を魔《ま》と見破《みやぶ》り、敢然《かんぜん》と信心で迎《むか》え打《う》つのです。断《だん》じて「病魔《びょうま》に負《ま》けない」ことです。病魔《びょうま》との闘《たたか》いであるゆえに、打《う》ち勝《か》てば、まさしく「仏《ほとけ》」になれるのです。

「師弟共《していとも》に唱《とな》うる所《ところ》の音声《おんじょう》」

私自身《じしん》、若《わか》い頃《ころ》に結核《けっかく》を病《や》み、体《からだ》は病弱《びょうじゃく》でした。医師《いし》から「三十歳《さい》まで生きられない」と言《い》われたこともあった。

戸田先生の不二《ふに》の弟子《でし》として、広宣流布の最前線《さいぜんせん》に飛《と》び込《こ》み、勝利《しょうり》の突破口《とっぱこう》を切《き》り開《ひら》く激戦《げきせん》に身《み》を置《お》きながらも、常《つね》に微熱《びねつ》や身体《からだ》の痛《いた》みに苦《くる》しみました。

そのたびに「健康《けんこう》になりたい」「頑健《がんけん》な身体《からだ》がほしい」と悔《くや》しさをかみ締《し》めたものです。

不況下《ふきょうか》で、先生の事業《じぎょう》の苦境《くきょう》を打開《だかい》するために悪戦苦闘《あくせんくとう》の毎日《まいにち》だったある日、疲労《ひろう》の極《きわ》みで顔色《かおいろ》も悪《わる》かったのでしょう、見かねたように戸田先生から叱咤《しった》されました。

「大作《だいさく》、生命力《せいめいりょく》が、てんでないじゃないか。生命力《せいめいりょく》が弱《よわ》っていては、戦《いくさ》は負《ま》けだぞ」

そう言《い》われて、私を連《つ》れて御本尊《ごほんぞん》の前《まえ》に座《すわ》り、魔《ま》をたたき出す気迫《きはく》の題目をあげてくださいました。まさに師子吼《ししく》です。

私も、恩師《おんし》の厳愛《げんあい》に勇気百倍《ゆうきひゃくばい》し、師子奮迅《ししふんじん》の大生命力《だいせいめいりょく》を奮《ふる》い起《お》こしました。そうやって病魔《びょうま》をねじ伏《ふ》せ、生涯《しょうがい》、広布の使命《しめい》を果《は》たし抜《ぬ》く健康長寿《けんこうちょうじゅ》の生命《せいめい》を鍛《きた》えていただいたのだと感謝《かんしゃ》は尽《つ》きません。

大聖人は師子吼《ししく》の意義《いぎ》について、「師弟共《していとも》に唱《とな》うる所《ところ》の音声《おんじょう》なり」（全七四八ジペー・新一〇四三ジペー）と仰《おお》せです。学会は、この師弟不二《していふに》の師子吼《ししく》の題目で逆境《ぎゃっきょう》を勝《か》ち抜《ぬ》いてきたのです。

全会員が「衆生所遊楽《しゅじょうしょゆうらく》」の大境涯《だいきょうがい》に

戸田先生は常《つね》に個人指導《こじんしどう》の最前線《さいぜんせん》に立ち、幾多《いくた》の会員の苦悩《くのう》に向《む》き合《あ》われました。質問会《しつもんかい》の形式《けいしき》で、一人《ひとり》一人の声《こえ》に耳を傾《かたむ》けられることもしばしばでした。病気《びょうき》の質問《しつもん》もひっきりなしに寄《よ》せられました。

その中で、先生が何《なに》よりも鋭《するど》く見つめておられたのは、質問者《しつもんしゃ》に信心で病魔《びょうま》と闘《たたか》う一念《いちねん》があるかどうかでした。どこか、人任《ひとまか》せだったり、諦《あきら》めや疑《うたが》いの心《こころ》根《ね》があったりする人には、厳父《げんぷ》の如《ごと》く烈々《れつれつ》と指導《しどう》されました。

多《おお》くの人は、病気《びょうき》に直面《ちょくめん》して心が負《ま》ける。だからこそ、その心を弱《よわ》らせる魔《ま》を破《やぶ》るには、「南無妙法蓮華経の師子吼《ししく》」しかないのです。生命に最強《さいきょう》の師子《しし》吼《く》を轟《とどろ》かせる人が、何《なに》を恐《おそ》れることがありましょうか。

「経王殿御返事《きょうおうどのごへんじ》」には、こうも仰《おお》せです。

「いかなる処《ところ》にて遊《あそ》びたはぶるとも・つつが《恙》あるべからず遊行《ゆぎょう》して畏《おそ》れ無《な》き

こと師子王《ししおう》の如《ごと》くなるべし」（全一一二四ジペー・新一六三三ジペー）

たとえ病気《びょうき》があろうが、さまざまな災難《さいなん》や困難《こんなん》があろうが、師子吼《ししく》の題目を忘《わす》れなければ、師子王《ししおう》が悠然《ゆうぜん》と遊行《ゆぎょう》するように生きていける。「衆生所遊楽《しゅじょうしょゆうらく》」〈注12〉の実証《じっしょう》です。

なお、経王御前《きょうおうごぜん》のように子ども自身《じしん》が幼《おさな》い場合《ばあい》、なかなか自分《じぶん》で祈《いの》れないこともあります。いな、成人《せいじん》であっても、入院中《にゅういんちゅう》や闘病中《とうびょうちゅう》は、勤行・唱題することが難《むずか》しいことが少《すく》なくありません。また、声《こえ》を出せず胸中《きょうちゅう》で唱題する場合《ばあい》もあるでしょう。しかし、家族《かぞく》や同志《どうし》の師子吼《ししく》の題目は、必《かなら》ず届《とど》きます。「いかなる病《やまい》さはり障をなすべきや」です。それを深《ふか》く強《つよ》く確信《かくしん》していくことです。

「法華経の御力《おんちから》たのもし」

諸御抄《しょごしょう》を拝《はい》すると、大聖人は、老若男女《ろうにゃくなんにょ》を問《と》わず、何人《なんにん》もの闘病中《とうびょうちゅう》の弟子門下《でしもんか》を激励《げきれい》されています。長患《ながわずら》いで気も沈《しず》みがちだった富木尼《ときあま》に対《たい》しては、「法華経の行者《ぎょうじゃ》なり非業《ひごう》の死《し》にはあるべからず」「法華経の御力《おんちから》たのもし」（全九七五ページ・新一三一六ページ）と、力強《ちからづよ》く励《はげ》まされます。そして「いかでか病《やまい》も失《う》せ寿《いのち》ものびざるべきと強盛《ごうじょう》にをぼしめし身《み》を持《じ》し心《こころ》に物《もの》をなげかざれ」（全同ページ・新一三一七ページ）と、絶対《ぜったい》に大丈夫《だいじょうぶ》である、病魔《びょうま》を打《う》ち破《やぶ》れないはずはない、と大確《だいかく》信《しん》で進《すす》むように指導《しどう》されています。

「鬼神《きじん》め《奴》らめ」と魔軍《まぐん》を痛烈《つうれつ》に呵責《かしゃく》

南条時光《なんじょうときみつ》が重篤《じゅうとく》に陥《おちい》った時《とき》には、自《みずか》らも体調《たいちょう》の悪《わる》い中、時光《ときみつ》に代《か》わって、愛《まな》弟子《でし》を苦《くる》しめる悪鬼神《あっきじん》を呵責《かしゃく》されます。

「鬼神《きじん》め《奴》らめ此《こ》の人《ひと》をなやますは剣《つるぎ》をさかさま《逆》に・のむか又大火《またたいか》をいだくか、三世十方《さんぜじっぽう》の仏《ほとけ》の大怨敵《だいおんてき》となるか」（全一五八七ページ・新一九三二ページ）と。

大聖人の烈々《れつれつ》たる師子吼《ししく》によって、病魔《びょうま》を破《やぶ》り、時光《ときみつ》は長寿《ちょうじゅ》で広布の使命《しめい》を果《は》たしていくのです。いかなる病《やまい》の試練《しれん》があろうが、わが生命《せいめい》の可能性《かのうせい》を信《しん》じ、生きて生き抜《ぬ》いていく。この強《つよ》く、しなやかな生命《せいめい》の中に、健康勝《けんこうしょう》利《り》の実証《じっしょう》があります。

ありのままの御本仏《ごほんぶつ》の所作《しょさ》

大聖人が体調《たいちょう》を崩《くず》されていた、ある晩年《ばんねん》の春《はる》のことです。訪《たず》ねてきた門下《もんか》からワカメなど真心《まごころ》の御供養《ごくよう》の品《しな》をいただかれたようです。追《お》って送《おく》られた御消息《ごしょうそく》には、「虎《とら》を捕《と》るほど」「獅子《しし》に乗《の》れるほど」の思いがしますと感謝《かんしゃ》の真情《しんじょう》をつづられています〈注13〉。

おかげさまで元気《げんき》になりましたよ――門下《もんか》の真心《まごころ》に対して、真心《まごころ》で応《おう》じられた大聖人のお心に、どれほど大きな感動《かんどう》と感激《かんげき》が広《ひろ》がったことでしょうか。厳然《げんぜん》と生き抜《ぬ》く御自身《ごじしん》の姿《すがた》をもって、多《おお》くの人々に生きる勇気《ゆうき》を贈《おく》ってくださっているのです。ありのままの御本仏《ごほんぶつ》の所作《しょさ》です。

仏法の生命《せいめい》の哲理《てつり》が時代《じだい》の灯火《ともしび》に

あらためて振《ふ》り返《かえ》れば、人類史《じんるいし》は、病気《びょうき》と人間の闘《たたか》いの歴史《れきし》でもあります。そのなかで、かつて治療《ちりょう》は至難《しなん》とされた難病《なんびょう》が今《いま》や治癒《ちゆ》できるようになるなど、健康長寿《けんこうちょうじゅ》への取《と》り組《く》みも、さまざまになされてきました。

世界保健機関《せかいほけんきかん》〈注14〉が一九八〇年（昭和五十五年）に行《おこな》った天然痘《てんねんとう》の根絶宣言《こんぜつせんげん》などは、ひときわ輝《かがや》かしい人類《じんるい》の英知《えいち》の勝利《しょうり》でありましょう。

しかし、誰人《たれびと》たりとも「生老病死《しょうろうびょうし》」の苦悩《くのう》は避《さ》けられない以上《いじょう》、病気《びょうき》との闘《たたか》いは、これからも続《つづ》きます。私たち学会員は、いかなる病魔《びょうま》にも負《ま》けず、病魔《びょうま》との闘争《とうそう》の中で、生命《せいめい》の尊厳《そんげん》を示《しめ》し、勝《か》ち鬨《どき》を上げている多《おお》くの宝《たから》の体験《たいけん》を知《し》っています。また、必《かなら》ず病《やまい》には意味《いみ》があると捉《とら》えて、絶望《ぜつぼう》を希望《きぼう》へと転換《てんかん》した実証《じっしょう》を身近《みぢか》に見てきました。信仰《しんこう》には敗北《はいぼく》はありません。こうした仏法者の生き方は、いよいよ、時代《じだい》の希望《きぼう》の灯火《ともしび》となっていくに違《ちが》いありません。

今《いま》こそ「健康《けんこう》の智慧《ちえ》」の光源《こうげん》――真《しん》に健康《けんこう》に生き抜《ぬ》くための生命《せいめい》の哲理《てつり》が深《ふか》

い次元《じげん》で求《もと》められているのです。

全員《ぜんいん》が福徳《ふくとく》の健康長者《けんこうちょうじゃ》に!

生きる力《ちから》、生き抜《ぬ》く智慧《ちえ》、生き切《き》る努力《どりょく》、そして、慈悲《じひ》、勇気《ゆうき》、創造性《そうぞうせい》を、生命《せいめい》それ自体《じたい》から呼《よ》び覚《さ》ましつつ、「今日《きょう》から明日《あす》へ」「一歩《いっぽ》また一歩《いっぽ》、着実《ちゃくじつ》に前《まえ》へ」と、私たちは自他共《じたとも》の幸福《こうふく》を築《きず》く人生を歩《あゆ》み抜《ぬ》きたい。

わが地涌《じゆ》の同志《どうし》が、一人《ひとり》も残《のこ》らず、健康《けんこう》の賢者《けんじゃ》、福徳《ふくとく》の長者《ちょうじゃ》、幸福《こうふく》の王者《おうじゃ》として、人生を満喫《まんきつ》しきっていかれることを、私は、妻《つま》と日々、さらに強盛《ごうじょう》に祈《いの》り抜《ぬ》いてまいります。

［注　解］

〈注1〉【ポーリング博士】一九〇一年〜九四年。ライナス・ポーリング。二十世紀《せいき》を代表《だいひょう》する米《べい》国《こく》の物理《ぶつり》化学者《かがくしゃ》で、ビタミンCの研究《けんきゅう》でも著名《ちょめい》。ノーベル化学賞《かがくしょう》とともに、ノーベル平和《へいわ》賞《しょう》を受賞《じゅしょう》した。池田先生との対談集《たいだんしゅう》に『「生命《せいめい》の世紀《せいき》」への探求《たんきゅう》』（『池田大作全集』第14巻所収）がある。

〈注2〉【持続可能な開発目標《じぞくかのうなかいはつもくひょう》（SDGs《エスディージーズ》）】国連《こくれん》サミットで採択《さいたく》された、二〇一六年から三〇年までの国際的《こくさいてき》な開発目標《かいはつもくひょう》。持続可能《じぞくかのう》な世界《せかい》を実現《じつげん》するため十七項目《こうもく》の目標《もくひょう》と百六十九のターゲットから構成《こうせい》され、地球上《ちきゅうじょう》の誰一人《だれひとり》として取《と》り残《のこ》さないことを誓《ちか》っている。

〈注3〉【生老病死《しょうろうびょうし》】人間が免《まぬか》れがたい根源的《こんげんてき》な四つの苦《くる》しみ。生まれること（生きること）、老《お》いること、病《や》むこと、死ぬこと。「四苦《しく》」ともいう。これらの苦しみの克服《こくふく》が仏道修行《ぶつどうしゅぎょう》の目《もく》的《てき》となる。

〈注4〉【妙心尼御前御返事《みょうしんあまごぜんごへんじ》】病《やまい》の夫《おっと》を見守《みまも》り支《ささ》える妙心尼《みょうしんあま》に対《たい》して、厳愛《げんあい》の励《はげ》ましを送《おく》られたお手紙《てがみ》。夫妻《ふさい》は、駿河国《するがのくに》（静岡県中央部《ちゅうおうぶ》）の富士方面《ふじほうめん》に住《す》む門下《もんか》で、高橋入道《たかはしにゅうどう》は、この時《じ》期《き》、重《おも》い病《やまい》であった。

〈注5〉【維摩詰《ゆいまきつ》】維摩詰所説経《ゆいまきつしょせつきょう》（維摩経《ゆいまきょう》）に登場《とうじょう》する中心人物《ちゅうしんじんぶつ》。古代《こだい》インドにあった都市《とし》ヴァイシャーリーに住《す》む在家《ざいけ》の信仰者《しんこうしゃ》。大乗仏教《だいじょうぶっきょう》の奥義《おうぎ》に通達《つうだつ》し、仏法流布に貢献《こうけん》した。

〈注6〉【少病少悩《しょうびょうしょうのう》】多《おお》くの人の悩《なや》みに同苦《どうく》し、救済《きゅうさい》する仏《ほとけ》の慈悲《じひ》。法華経従地涌出品《じゅうじゆじゅっぽん》には「世尊《せそん》よ。少病少悩《しょうびょうしょうのう》にして、安楽《あんらく》に行《ぎょう》じたまうや不《いな》や」（法華経四五五ページ）との地涌《じゆ》の菩薩《ぼさつ》の呼《よ》び掛《か》けに、釈尊《しゃくそん》は「是《か》くの如《ごと》し、是《か》くの如《ごと》し。諸《もろもろ》の善男子《ぜんなんし》よ。如来《にょらい》は安楽《あんらく》にして、少病少悩《しょうびょうしょうのう》なり」（法華経四五六ページ）と答《こた》えている。

〈注7〉【十界互具《じっかいごぐ》】法華経に示《しめ》された万人成仏《ばんにんじょうぶつ》の原理《げんり》。地獄界《じごくかい》から仏界《ぶっかい》までの各界《かっかい》が、次《つぎ》の瞬間《しゅんかん》に現《あらわ》れる十界《じっかい》を因《いん》として具《そな》えていること。この十界互具《じっかいごぐ》によって九界《きゅうかい》と仏界《ぶっかい》の断絶《だんぜつ》がなくなり、あらゆる衆生《しゅじょう》の成仏《じょうぶつ》が可能《かのう》になった。

〈注8〉【トルストイ】一八二八年～一九一〇年。レフ・N・トルストイ。ロシアの作家《さっか》、思想家《しそうか》。『戦争《せんそう》と平和《へいわ》』『アンナ・カレーニナ』『復活《ふっかつ》』などの大作《たいさく》を著《あらわ》し、人道主義《じんどうしゅぎ》の巨人《きょじん》として尊敬《そんけい》を集《あつ》めた。トルストイの言葉《ことば》は、『文読《ふみよ》む月日』㊤及《およ》び㊦（北御門二郎訳、ちくま文庫）から。

〈注9〉【経王殿御返事《きょうおうどのごへんじ》】文永《ぶんえい》十年（一二七三年）、佐渡《さど》・一谷《いちのさわ》で御執筆《ごしっぴつ》され、幼《おさな》い子・経王《きょうおう》が重《おも》い病《やまい》に侵《おか》されたことをご報告《ほうこく》した門下《もんか》へ送《おく》られたお手紙《てがみ》。

〈注10〉【変毒為薬《へんどくいやく》】「毒《どく》を変《へん》じて薬《くすり》と為《な》す」と読《よ》み下《くだ》す。妙法の力《ちから》によって、煩悩《ぼんのう》・業《ごう》・苦《く》の三《さん》道《どう》に支配《しはい》された生命《せいめい》を、法身《ほっしん》・般若《はんにゃ》・解脱《げだつ》という仏《ほとけ》の三徳《さんとく》に満《み》ちた生命《せいめい》へと転換《てんかん》することをいう。『大智度論《だいちどろん》』巻《まき》一〇〇に「大薬師《だいやくし》の能《よ》く毒《どく》を以《もっ》て薬《くすり》と為《な》すが如《ごと》し」と説《と》かれている。

〈注11〉【宿命転換《しゅくめいてんかん》】定《さだ》まって変《か》えがたいと思《おも》われる運命《うんめい》であっても、正しい仏法の実践《じっせん》によって転換《てんかん》できること。日蓮大聖人の仏法では、法華経に基《もと》づいて、万人《ばんにん》の内《うち》に仏界《ぶっかい》が具《そな》わっており、それを開《ひら》くことで成仏《じょうぶつ》し宿命転換《しゅくめいてんかん》できると説《と》く。

〈注12〉【衆生所遊楽《しゅじょうしょゆうらく》】「遊楽」は「ゆらく」とも読《よ》む。法華経如来寿量品第《にょらいじゅりょうほんだい》十六の文《もん》（法華経四九一ページ）。この娑婆世界《しゃばせかい》は常寂光土《じょうじゃっこうど》であり、妙法を持《たも》つ衆生《しゅじょう》の最高《さいこう》の遊楽《ゆうらく》の場所《ばしょ》であることが示《しめ》されている。

〈注13〉「抑《そもそも》三月一日より四日にいたるまでの御《おん》あそび《遊》に心《こころ》なぐさみて・やせ《痩》やまい《病》もなをり・虎《とら》とる《捕》ばかりをぼへ候《そうろう》上《うえ》・此《こ》の御《おん》わかめ給《た》びて師子《しし》にのり《乗》ぬべくをぼへ候《そうろう》」（全一五八七ページ・新二〇五一ページ）

〈注14〉【世界保健機関《せかいほけんきかん》】WHO。一九四八年設立《せつりつ》。スイス・ジュネーブに本部《ほんぶ》を置《お》き、人々が可《か》能《のう》な限《かぎ》り高《たか》い水準《すいじゅん》の健康生活《けんこうせいかつ》を営《いとな》めることを目標《もくひょう》とする。伝染病対策《でんせんびょうたいさく》や公衆衛生《こうしゅうえいせい》の向上《こうじょう》、環境問題《かんきょうもんだい》にも取《と》り組《く》む専門機関《せんもんきかん》。

「毒《どく》を変《へん》じて薬《くすり》と為《な》す」――勇《いさ》んで宿命転換《しゅくめいてんかん》の信心を

「創価」とは、希望《きぼう》の異名《いみょう》です。

人間にとって免《まぬか》れ難《がた》い、病《やまい》という根本苦《こんぽんく》さえも、忌《い》み嫌《きら》うものでなく、自身《じしん》を向上《こうじょう》させゆく「人間革命」の源泉《げんせん》へと、価値創造《かちそうぞう》していく力《ちから》です。

「創価」の二字に勝利《しょうり》が脈動《みゃくどう》

まさしく「創価」の二字には、人生の試練《しれん》に負《ま》けず、断固《だんこ》と打《う》ち勝《か》つ「勝利《しょうり》の哲学《てつがく》」が脈動《みゃくどう》しています。

妙法を持《たも》つ人が、不幸《ふこう》になることは絶対《ぜったい》にありません。病《やまい》は決《けっ》して、使命《しめい》を果《は》たす人生の妨《さまた》げとはなりません。妙法を唱《とな》え、広布に生き抜《ぬ》く人には、病気《びょうき》は、わが生命《せいめい》を最高《さいこう》に光輝《こうき》あらしめる、かけがえのない「宝《たから》」となるのです。

事実《じじつ》、これまでも世界中《せかいじゅう》の同志《どうし》も、病《やまい》を見事《みごと》に乗《の》り越《こ》えた堂々《どうどう》たる勝利《しょうり》の人生の実証《じっしょう》を示《しめ》してきました。

宿命転換《しゅくめいてんかん》を成《な》し遂《と》げた人間讃歌《さんか》のドラマが日々、各国各地《かっこくかくち》で生まれ、妙法の功力《くりき》が地球《ちきゅう》を包《つつ》む時代《じだい》になりました。百九十二カ国・地域《ちいき》に広《ひろ》がった我《われ》ら創価の同志《どうし》こそ、「健康《けんこう》の世紀《せいき》」を開《ひら》きゆく生命《せいめい》の福徳長者《ふくとくちょうじゃ》なのです。

大悪《だいあく》を大善《だいぜん》に変《か》えていく信心

先師《せんし》・牧口常三郎《つねさぶろう》先生が、過酷《かこく》な獄中《ごくちゅう》から家族《かぞく》へ送《おく》られた手紙《てがみ》に、何度《なんど》も記《しる》されていた仏法の法理《ほうり》があります。

それが「変毒為薬《へんどくいやく》」の功力《くりき》です。

ある手紙《てがみ》には、「お互《たが》いに信仰《しんこう》が第一です。災難《さいなん》と云《い》うても、大聖人様の九牛《きゅう ぎゅう》の一毛《いちもう》です、とあきらめて益々《ますます》信仰《しんこう》を強《つよ》める事《こと》です。広大無辺《こうだいむへん》の大利益《だいりやく》に暮《く》らす吾々《われわれ》に、斯《か》くの如《ごと》き事《こと》は決《けっ》してうらめません。経文《きょうもん》や御書にある通《とお》り、必《かなら》ず『毒変《どくへん》じて薬《くすり》となる』ことは今《いま》までの経験《けいけん》からも後《あと》で解《わか》ります」とつづられていました。

牧口先生は、軍部政府《ぐんぶせいふ》による弾圧《だんあつ》・投獄《とうごく》と戦《たたか》い抜《ぬ》き、創価の師弟《してい》を襲《おそ》った「大悪《だいあく》」を「変毒為薬《へんどくいやく》」し、今日《こんにち》の全世界からの学会への信頼《しんらい》という「大善《だいぜん》」に転《てん》じる道《みち》を開《ひら》いてくださったのです。

民衆《みんしゅう》の中に飛《と》び込《こ》む地涌《じゆ》の菩薩《ぼさつ》

私たちの人生《じんせい》に敷衍《ふえん》するならば、いかなる試練《しれん》や苦難《くなん》の「毒《どく》」も、むしろ「変毒為薬《へんどくいやく》」して、人生の深《ふか》みを増《ま》し、境涯《きょうがい》を豊《ゆた》かにする「薬《くすり》」へと変《か》えていけるのです。

恩師《おんし》・戸田城聖《じょうせい》先生は、言《い》われていました。

――我々《われわれ》の姿《すがた》は時《とき》として、「貧乏菩薩《びんぼうぼさつ》」や「病気菩薩《びょうきぼさつ》」のように見えるかもしれないが、それは人生の劇《げき》を演《えん》じているんだよ。正真正銘《しょうしんしょうめい》の「地涌《じゆ》の菩薩《ぼさつ》」〈注1〉なんだ。人生の劇《げき》なら思《おも》い切《き》って楽《たの》しく演《えん》じ、妙法の偉大《いだい》さを証明《しょうめい》しきってごらん、と。

ここでは、「変毒為薬《へんどくいやく》」の法理《ほうり》を通《とお》して、「健康長寿《けんこうちょうじゅ》の智慧《ちえ》」を学びます。

太田入道殿御返事《おおたにゅうどうどのごへんじ》

御文

（全一〇〇九ジペー・新一三五九ジペー）

病《やまい》の起《おこ》る因縁《いんねん》を明《あか》すに六《ろく》有《あ》り、一《いち》には四大《しだい》順《じゅん》ならざる故《ゆえ》に病《や》む・二《に》には飲食節《おんじきせつ》ならざる故《ゆえ》に病《や》む・三《さん》には坐《ざ》禅《ぜん》調《ととの》わざる故《ゆえ》に病《や》む・四《よん》には鬼便《きたよ》りを得《う》る・五《ご》には魔《ま》の所為《しょい》・六《ろく》には業《ごう》の起《おこ》るが故《ゆえ》に病《や》む

現代語訳

病気《びょうき》の起《お》こる原因《げんいん》を明《あき》らかにするのに、六種類《しゅるい》ある。一には、四大《しだい》が従順《じゅうじゅん》でないから病《や》む。二には、飲食《いんしょく》の節度《せつど》を守《まも》っていないから病《や》む。三には、坐禅《ざぜん》が調和《ちょうわ》していないから病《や》む。四には、鬼神《きじん》が身体《しんたい》に付《つ》け入《い》る。五には、魔《ま》の仕業《しわざ》によるところ。六には、業《ごう》が現《あらわ》れることで病《や》む。

「一《ひと》たびは歎《なげ》き二《ふた》たびは悦《よろこ》びぬ」

最初《さいしょ》に「太田入道殿御返事《おおたにゅうどうどのごへんじ》」〈注2〉の一節《いっせつ》を拝《はい》します。牧口先生が随所《ずいしょ》に線《せん》を引《ひ》かれ、欄外《らんがい》に書《か》き込《こ》みをされていた御書です。

本抄《ほんしょう》は、大田乗明《おおたじょうみょう》（＝太田入道《おおたにゅうどう》）が、病《やまい》になったことを報告《ほうこく》されたお手紙《てがみ》への返信《へんしん》です。

まず冒頭《ぼうとう》では、「御痛《おんいた》みの事一《ことひと》たびは歎《なげ》き二《ふた》たびは悦《よろこ》びぬ」（全一〇〇九ジペー・新一三五八ジペー）――病《やまい》との報告《ほうこく》を聞《き》き、最初《さいしょ》は嘆《なげ》きましたが、再度考《さいどかんが》えると悦《よろこ》びになりました――と仰《おお》せです。

この一文が、乗明《じょうみょう》の心《こころ》の暗雲《あんうん》を決然《けつぜん》と打《う》ち払《はら》い、病《やまい》に立《た》ち向《む》かう勇気《ゆうき》と希望《きぼう》の太陽《たいよう》を昇《のぼ》らせたことは、想像《そうぞう》に難《かた》くありません。

この簡潔《かんけつ》にして甚深《じんじん》の表現《ひょうげん》の中に、日蓮仏法の病《やまい》の捉《とら》え方《かた》の本質《ほんしつ》が、如実《にょじつ》に現《あらわ》れていると拝《はい》されます。

生命《せいめい》を鍛《きた》え上《あ》げるチャンス

「一《ひと》たびは歎《なげ》き」と仰《おお》せの通《とお》り、大切《たいせつ》な門下《もんか》の病気《びょうき》の報告《ほうこく》を受《う》けられ、大聖人はご一緒《いっしょ》に同苦《どうく》され、嘆《なげ》かれております。

その上で、より深《ふか》く病気《びょうき》を捉《とら》え直《なお》すと、「悦《よろこ》び」になったと言《い》われています。それは、病《やまい》をきっかけに宿命転換《しゅくめいてんかん》ができるからです。

私たちが病気《びょうき》になるのは、信心を鍛《きた》え、仏道修行《ぶつどうしゅぎょう》を深《ふか》め、生命《せいめい》を磨《みが》くための試練《しれん》です。唱題を根本《こんぽん》に病《やまい》と闘《たたか》うなかで、三世永遠《さんぜえいえん》に崩《くず》れざる仏《ほとけ》の境涯《きょうがい》を築《きず》いていくことができる。必《かなら》ず変毒為薬《へんどくいやく》していける。ゆえに、「悦《よろこ》び」なのです。

正《ただ》しく病《やまい》と向《む》き合《あ》う

ここで拝《はい》する御文《ごもん》は、病《やまい》の原因《げんいん》について明《あ》かされた、天台大師《てんだいだいし》〈注3〉の『摩訶止観《まかしかん》』にある一節《いっせつ》です。ここでは、病《やまい》の原因《げんいん》が六つあると記《しる》されています。現代《げんだい》の私たちにとっても、生活《せいかつ》を見直《みなお》す契機《けいき》となります。

①**「四大順《しだいじゅん》ならざる」**――四大《しだい》とは、人間をはじめ万物《ばんぶつ》を構成《こうせい》するとされた地《ち》・水《すい》・火《か》・風《ふう》の四つの要素《ようそ》のことです。天候不順《てんこうふじゅん》など大自然《だいしぜん》の調和《ちょうわ》が乱《みだ》れることで、それが人間の身体《しんたい》に影響《えいきょう》をもたらし、病気《びょうき》が発症《はっしょう》することをいいます。

②**「飲食節《おんじきせつ》ならざる」**――食生活《しょくせいかつ》の不摂生《ふせっせい》によって病《やまい》になることです。

③**「坐禅調《ざぜんととの》わざる」**――生活《せいかつ》のリズムの乱《みだ》れによって病《やまい》になることです。

④**「鬼便《きたよ》りを得《う》る」**――「鬼《き》」とは身体《しんたい》に襲《おそ》いかかる病《やまい》です。現代的《げんだいてき》に言《い》えば、細菌《さいきん》やウイルスなどによる病《やまい》のことです。

⑤**「魔《ま》の所為《しょい》」**――衝動《しょうどう》や欲求《よっきゅう》などによって、心身《しんしん》の正常《せいじょう》な働《はたら》きを混乱《こんらん》させることで起《お》こる病《やまい》のことです。また、仏道修行《ぶつどうしゅぎょう》の妨《さまた》げとなる病《やまい》もここに含《ふく》まれるといえます。

⑥**「業《ごう》の起《おこ》る」**――過去世《かこせ》からの業《ごう》（行《おこな》いの積《つ》み重《かさ》ね）によって起《お》こる病《やまい》です。生命自体《せいめいじたい》がもつ歪《ゆが》み、傾向性《けいこうせい》、宿業《しゅくごう》が、病気《びょうき》の原因《げんいん》となっていることをいいます。

います。

この六項目の立《た》て方《かた》は、当時《とうじ》の人間社会《しゃかい》の英知《えいち》を結集《けっしゅう》して、病《やまい》と向《む》き合《あ》ってきた一つの結論《けつろん》です。今日《こんにち》の科学《かがく》の知見《ちけん》とも矛盾《むじゅん》がありません。医学《いがく》を尊重《そんちょう》しつつ、正《ただ》しく病《やまい》と向《む》き合《あ》い、現実《げんじつ》をより良《よ》く生きていく道《みち》を見いだすのが仏法の眼《まなこ》です。

その意味《いみ》で、今日的《こんにちてき》にいえば、最初《さいしょ》の四項目は、病気《びょうき》にならないための智慧《ちえ》として理解《りかい》することもできます。

あらためて健康《けんこう》のための四つのモットーである、**「張《は》りのある勤行」「無理《むり》と無駄《むだ》のない生活《せいかつ》」「献身《けんしん》の行動《こうどう》」「教養《きょうよう》のある食生活《しょくせいかつ》」**という基本《きほん》を確認《かくにん》しておきたい。睡眠《すいみん》を大切《たいせつ》にして、ストレスをためないことも現代人《げんだいじん》にとっての健康《けんこう》の智慧《ちえ》です。

そして五番目にあるように、魔《ま》の所為《しょい》を見破《みやぶ》り、魔《ま》を打《う》ち破《やぶ》る信心こそが、賢明《けんめい》な「信心即生活《そくせいかつ》」の人生の根幹《こんかん》です。

転重軽受《てんじゅうきょうじゅ》・宿命転換《しゅくめいてんかん》を確信《かくしん》

大聖人は、六つの原因《げんいん》の中で、「第六《だいろく》の業病《ごうびょう》最《もっと》も治《じ》し難《がた》し（中略）但《ただ》し釈尊一《しゃくそんいち》仏《ぶつ》の妙経《みょうきょう》の良薬《ろうやく》に限《かぎ》って之《これ》を治《じ》す」（全一〇一〇ページ・新一三六〇ページ）と、原因《げんいん》が「業《ごう》」の場合《ばあい》は、妙法の良薬《りょうやく》によって治《なお》すしかないと仰《おお》せです。

いわゆる業病《ごうびょう》とは、過去世《かこせ》の業因《ごういん》が今世《こんぜ》に果報《かほう》として現《あらわ》れた病《やまい》です。しかし、大聖人は、通途《つうず》の考えとは異《こと》なり、業病《ごうびょう》について、「軽《かる》く償《つぐな》う」「業《ごう》が謝《しゃ》せんと欲《ほっ》する故《ゆえ》に病《や》む」（全一〇〇九ページ・新一三五九ページ）等、生命《せいめい》の汚《よご》れを消《け》して、常楽我浄《じょうらくがじょう》〈注4〉の清《きよ》らかな仏《ほとけ》の生命《せいめい》を涌現《ゆげん》させるために病《や》むと教《おし》えられています。つまり、「転重軽受《てんじゅうきょうじゅ》」〈注5〉です。

大聖人は、本抄《ほんしょう》の四年前、御自身《ごじしん》の竜《たつ》の口《くち》の法難《ほうなん》の直後《ちょくご》、大田乗明《おおたじょうみょう》に「先業《せんごう》の重《おも》き今生《こんじょう》につきずして未来《みらい》に地獄《じごく》の苦《く》を受《う》くべきが今生《こんじょう》にかかる重苦《じゅうく》に値《あ》い候《そうら》へば地獄《じごく》の苦《くるし》みぱっときへて死《し》に候《そうら》へば人天《にんてん》・三乗《さんじょう》・一乗《いちじょう》の益《やく》をうる事《こと》の候《そうろう》」（全一〇〇〇ページ・新一三五六ページ）と、妙法の大功力《だいくりき》を教《おし》えられています〈注6〉。日蓮仏法を実践《じっせん》している者《もの》には業病《ごうびょう》も意味《いみ》があるのです。

広大無辺《こうだいむへん》の大功徳《だいくどく》を得《う》る

題目を唱《とな》えている人は、たとえ業病《ごうびょう》であっても必《かなら》ず打開《だかい》していけるのです。「設《たと》い業病《ごうびょう》なりとも法華経の御力《おんちから》たのもし」（全九七五ページ・新一三二六ページ）です。むしろ、業病《ごうびょう》が妙法の広大無辺《こうだいむへん》の大功徳《だいくどく》を得《う》る深い契機《けいき》となるのです。

大聖人は、「人《ひと》の地《ち》に倒《たお》れて還《かえ》って地《ち》に従《よ》りて起《た》つが如《ごと》し」（全一〇一〇ページ・新一三六〇ページ）と仰《おお》せです。仮《かり》に法華誹謗《ほっけひぼう》によって生《しょう》じた病《やまい》だとしても、妙法を受持《じゅじ》することによって必《かなら》ず治《なお》すことができる。それゆえに、あくまでも信心が根本《こんぽん》となるのです。

大聖人は乗明《じょうみょう》に、長寿《ちょうじゅ》を勝《か》ち開《ひら》いていけるのだから、どこまでも不惜《ふしゃく》の信仰《しんこう》を貫《つらぬ》き通《とお》していきなさいと激励《げきれい》されています（全一〇一二ページ・新一三六二ページ）。

透徹《とうてつ》した信仰《しんこう》で祈《いの》り切《き》る

たとえ病気《びょうき》になったからといっても、「負《ま》けない」ことです。現実《げんじつ》に、治療《ちりょう》が困難《こんなん》な場合《ばあい》でも、限《かぎ》りある「生《せい》」を、題目を唱《とな》え抜《ぬ》き、他《た》の人々にも勇気《ゆうき》を送《おく》り、尊《とうと》き使命《しめい》の人生を生き抜《ぬ》いていく人もいる。そうした人生は、病気《びょうき》の意《い》味《み》を転換《てんかん》することができるのです。まさしく変毒為薬《へんどくいやく》の信心であり、真《しん》の「健《けん》康《こう》の智慧《ちえ》」です。

分厚《ぶあつ》い暗雲《あんうん》に覆《おお》われているように映《うつ》っても、ジェット機《き》のように勢《いきお》いのある題目で雲《くも》を突《つ》き抜《ぬ》ければ、青空が広《ひろ》がり、自身《じしん》の仏性《ぶっしょう》である太陽《たいよう》が燦然《さんぜん》と輝《かがや》いているのです。

真《ま》っ暗《くら》な夜《よる》、闇《やみ》の中をさまよっていたのが、陽光《ようこう》のもと、美《うつく》しい色《いろ》とりどりの花が咲《さ》き、小鳥《ことり》がさえずる、豊《ゆた》かな緑《みどり》の大地《だいち》が広《ひろ》がっていることに気づくようなものです。

「宿命《しゅくめい》」から「使命《しめい》」へ

転重軽受《てんじゅうきょうじゅ》や宿命転換《しゅくめいてんかん》も、原理《げんり》は同《おな》じです。尊極《そんごく》なる仏性《ぶっしょう》に照《て》らされた時《とき》、同《おな》じ苦悩《くのう》であっても、まったく異《こと》なったものとして生命《せいめい》に映《うつ》し出《だ》されるのです。「一《ひと》たびは歎《なげ》き二《ふた》たびは悦《よろこ》びぬ」と仰《おお》せのごとく、〝なんでこんな病《やまい》に〟から、〝この病《やまい》のおかげで〟へと、宿命《しゅくめい》に泣《な》く身《み》から使命《しめい》に輝《かがや》く身《み》へと劇的《げきてき》に変《へん》毒為薬《どくいやく》できるのです。

太田殿女房御返事《おおたどのにょうぼうごへんじ》

御文　（全一〇〇六ページ・新一三八一ページ）

毒《どく》と申《もう》すは苦集《くじゅう》の二諦《にたい》・生死《しょうじ》の因果《いんが》は毒《どく》の中《なか》の毒《どく》にて候《そうろう》ぞかし、此《こ》の毒《どく》を生死即涅槃《しょうじそくねはん》・煩悩即菩提《ぼんのうそくぼだい》となし候《そうろう》を妙《みょう》の極《ごく》と

は申《もう》しけるなり、良薬《ろうやく》と申《もう》すは毒《どく》の変《へん》じて薬《くすり》となりけるを良《ろう》薬《やく》とは申《もう》し候《そうら》いけり

現代語訳

（「変毒為薬《へんどくいやく》」の）「毒《どく》」というのは、苦集《くじゅう》の二諦《にたい》であり、生死《しょうじ》の因果《いんが》は、毒《どく》の中《なか》の毒《どく》です。この毒《どく》を生死即涅槃《しょうじそくねはん》、煩悩即菩提《ぼんのうそくぼだい》と転《てん》ずるのを、妙《みょう》の極意《ごくい》というのです。

「良薬《りょうやく》」というのは、毒《どく》が変《へん》じて薬《くすり》となったから良薬《りょうやく》というのです。

「妙《みょう》」の一字の大功力《だいくりき》

今度《こんど》は大田乗明《おおたじょうみょう》の夫人《ふじん》に与《あた》えられた御書です〈注7〉。夫人《ふじん》も純真《じゅんしん》な信心に励《はげ》み、大聖人から幾通《いくつう》ものお手紙《てがみ》をいただきました。

大聖人は、まず真心《まごころ》からのご供養《くよう》に感謝《かんしゃ》をつづられ、「即身成仏《そくしんじょうぶつ》」〈注8〉について触《ふ》れられています。知識《ちしき》も教養《きょうよう》もある夫人《ふじん》が、即身成仏《そくしんじょうぶつ》についてお尋《たず》ねしたのでしょう。変毒為薬《へんどくいやく》の法理《ほうり》を通《とお》して教《おし》えられています。

大聖人は、ここで毒《どく》とは「苦集《くじゅう》の二諦《にたい》」〈注9〉、すなわち迷《まよ》いの世界の因果《いんが》であることを示《しめ》されています。それが「生死《しょうじ》の因果《いんが》」であり、つまり、煩悩《ぼんのう》・業《ごう》・苦《く》の三道《さんどう》〈注10〉を流転《るてん》する苦悩《くのう》の生命《せいめい》のことです。つまり、これ以上の「毒《どく》の中《なか》の毒《どく》」はありません。

凡夫《ぼんぷ》が成仏《じょうぶつ》できるということは、この「毒《どく》」を変えて、煩悩《ぼんのう》・業《ごう》・苦《く》を流転《るてん》する生命《せいめい》に、仏界《ぶっかい》を開《ひら》き顕《あらわ》すことができるということです。

それを可能《かのう》にするのが「妙法蓮華経」であり、その偉大《いだい》で不思議《ふしぎ》な功力《くりき》を示《しめ》すのが、「妙《みょう》」の一字です。毒《どく》を薬《くすり》に転《てん》じる力《ちから》こそ、妙法の極理《ごくり》にほかならないのです。

苦悩《くのう》と戦《たたか》うことで仏界《ぶっかい》が涌現《ゆげん》

諸経《しょきょう》では、煩悩《ぼんのう》・業《ごう》・苦《く》を滅《めっ》することで覚《さと》りが得《え》られると説《と》いてきました。

しかし、煩悩《ぼんのう》を消《け》し去《さ》ろうと努力《どりょく》したり、苦悩《くのう》を感《かん》じないようになろうとしても、現実《げんじつ》には不可能《ふかのう》です。それは、結局《けっきょく》、自身《じしん》の生命《せいめい》を否定《ひてい》する以外《いがい》なくなり、十界互具《じっかいごぐ》の生命《せいめい》を破壊《はかい》することにも通《つう》じてしまいます。

そうではなく、迷《まよ》いの凡夫《ぼんぷ》を、その身《み》そのままで即身成仏《そくしんじょうぶつ》させるのが妙法です。妙法を唱《とな》えることによって「煩悩《ぼんのう》・業《ごう》・苦《く》の三道《さんどう》」を「法身《ほっしん》・般若《はんにゃ》・解脱《げだつ》の三徳《さんとく》」〈注11〉へと転《てん》じていくのです。

すなわち、煩悩《ぼんのう》に苦《くる》しみ、迷《まよ》い、悩《なや》むその身《み》そのものが菩提《ぼだい》の智慧《ちえ》に照《て》らされて、希望《きぼう》へと進《すす》むことができる。まさしく、毒《どく》を薬《くすり》に変《か》えることが可能《かのう》になるのです。

煩悩《ぼんのう》は煩悩《ぼんのう》、苦《く》は苦《く》としてありのままに受《う》け止《と》め、真正面《ましょうめん》から、それと戦《たたか》うことによって、自身《じしん》の仏界《ぶっかい》を涌現《ゆげん》させ幸福境涯《こうふくきょうがい》を築《きず》き上《あ》げていくことです。

その転換《てんかん》の鍵《かぎ》が「苦《く》をば苦《く》とさとり　楽《らく》をば楽《らく》とひらき　苦楽《くらく》ともに思《おも》い合《あわ》せて南無妙法蓮華経とうちとなへ《唱》」（全一一四三ジペー・新一五五四ジペー）ていくことです。

大聖人は家族《かぞく》に配慮《はいりょ》し激励《げきれい》

大田夫人《おおたふじん》に対《たい》する別《べつ》の御書では、〝あなたのご供養《くよう》の功徳《くどく》は、今生《こんじょう》に種々《しゅじゅ》の大難《だいなん》を払《はら》うだけでなく、男女の子どもたちにまで及《およ》びます〟とも仰《おお》せです（全一〇一三ジペー・新一三七〇ジペー）。

大聖人は、一人の女性門下《じょせいもんか》を徹《てっ》して大切《たいせつ》にし、励《はげ》まされるとともに、その「一人」の家族《かぞく》のことまで、配慮《はいりょ》されています。

富木尼《ときあま》が病気《びょうき》になった時《とき》は、大聖人は尼御前《あまごぜん》の子息《しそく》で大聖人のもとで修行《しゅぎょう》していた伊予房《いよぼう》にも、尼御前《あまごぜん》の病気平癒《びょうきへいゆ》を申《もう》し付《つ》けているので安心《あんしん》してください、と仰《おお》せです（全九七八ジペー・新一三五三ジペー）。

病気《びょうき》はまた、家族《かぞく》の闘《たたか》いでもあります。看病《かんびょう》に辛労《しんろう》を尽《つ》くす場合《ばあい》もあるでしょう。どうか、くれぐれもお体《からだ》を大切《たいせつ》に。すべてを御本尊が御照覧《ごしょうらん》であり、闘《とう》病《びょう》のご一家《いっか》が妙法の力用《りきゆう》によって厳然《げんぜん》と守《まも》られていくことを深《ふか》く確信《かくしん》してください。三世十方《さんぜじっぽう》の諸仏《しょぶつ》・菩薩《ぼさつ》の守護《しゅご》は絶対《ぜったい》に間違《まちが》いありません。

勇気《ゆうき》と希望《きぼう》送《おく》る存在《そんざい》に

病《やまい》を抱《かか》えながらも、わが生命《せいめい》を使命《しめい》のために完全燃焼《かんぜんねんしょう》させながら生きる同志《どうし》の姿《すがた》は、自《みずか》らを最高《さいこう》に輝《かがや》かせるとともに、多《おお》くの人に勇気《ゆうき》と希望《きぼう》を送《おく》ってくれます。つまり、病気《びょうき》によって自他共《じたとも》の幸福《こうふく》の大道《だいどう》を広々《ひろびろ》と開《ひら》いているのです。

反対《はんたい》に、初《はじ》めからすべてに恵《めぐ》まれていたならば、苦《くる》しんでいる人の心《こころ》がわからないし、その人たちに仏法の偉大《いだい》さを示《しめ》していくこともできません。まさに、信心の捉《とら》え方《かた》一つで、病《やまい》の意味《いみ》は一変《いっぺん》します。

大聖人は「あなたの家《いえ》の内《うち》に病人《びょうにん》があるというのは本当《ほんとう》であろうか。もし、それが本当《ほんとう》であっても、よもや鬼神《きじん》の行《おこな》いではないでしょう。十羅刹女《じゅうらせつにょ》が信心のほどを試《ため》されているのでしょう」とも仰《おお》せです（全一五四四ジペー・新一八七二ペジー）。

諸天善神《しょてんぜんじん》が信心を試《ため》すこともあると示《しめ》されているのです。病《やまい》によって信仰《しんこう》が深《ふか》まれば、境涯《きょうがい》が広がる。究極《きゅうきょく》は、あえて願《ねが》って苦《くる》しみの姿《すがた》で生まれ、勇敢《ゆうかん》に戦《たたか》い、打《う》ち勝《か》つ姿《すがた》を見せて、人々に仏法の力《ちから》を教《おし》える生き方――菩薩《ぼさつ》の誓願《せいがん》に貫《つらぬ》かれた願兼於業《がんけんおごう》〈注12〉の人生です。

一切衆生《いっさいしゅじょう》が、この生命《せいめい》の大転換《だいてんかん》を可能《かのう》にするために、大聖人は御本尊を顕《あらわ》してくださったのです。自《みずか》らの忍難弘通《にんなんぐつう》の御生涯《ごしょうがい》を通《とお》して、人間生命《せいめい》の偉大《いだい》さを示《しめ》してくださったのです。

病気《びょうき》の姿《すがた》を現《あらわ》していても、生命本来《せいめいほんらい》の偉大《いだい》さ、尊《とうと》さ、素晴《すば》らしさには何《なん》の変《か》わりもありません。最上《さいじょう》に尊貴《そんき》な宝《たから》の存在《そんざい》なのです。必《かなら》ず希望《きぼう》に満《み》ちあふれた、最高《さいこう》に幸福《こうふく》で、充実《じゅうじつ》した人生が歩《あゆ》めないわけがありません。

病《やまい》との不断《ふだん》の闘争《とうそう》こそ健康《けんこう》の証《あかし》

かつて私は、がん研究《けんきゅう》の権威《けんい》であるカナダのモントリオール大学元学長《もとがくちょう》のルネ・シマー博士〈注13〉、生命倫理《せいめいりんり》の大家《たいか》であるギー・ブルジョ博士〈注14〉と、「生老病死《しょうろうびょうし》」について語《かた》り合《あ》い、てい談集《だんしゅう》『健康《けんこう》と人生』を発刊《はっかん》しました。

ブルジョ博士は、健康《けんこう》とは「どこにも病気《びょうき》がない」状態《じょうたい》を指《さ》すのではなく、常《つね》に病気《びょうき》に立《た》ち向《む》かいながら、ダイナミックに「均衡状態《きんこうじょうたい》」を維持《いじ》しようと努《つと》める「不断《ふだん》の闘争《とうそう》」であると定義《ていぎ》されていました。鋭《するど》い洞察《どうさつ》です。

病魔《びょうま》の「挑戦《ちょうせん》」に立《た》ち向《む》かう、「応戦《おうせん》」の力《ちから》が十全《じゅうぜん》に発揮《はっき》された状態《じょうたい》は、「健《けん》康《こう》」といえるのです。

いわんや妙法を持《たも》った私たちの生命《せいめい》は、「月月《つきづき》・日日《ひび》に」（全一一九〇ページ・新一六二〇ページ）、広宣流布への「不断《ふだん》の闘争《とうそう》」を続《つづ》けるなかで、真《しん》の「健康《けんこう》」の人生を深《ふか》く強《つよ》く生きていくことができるのです。

「病気《びょうき》に断《だん》じて負《ま》けない！」

「病魔《びょうま》に断固《だんこ》と打《う》ち勝《か》つ！」

と決定《けつじょう》した地涌《じゆ》の誓願《せいがん》に、不屈《ふくつ》の使命《しめい》の前進《ぜんしん》があり、その不抜《ふばつ》の一念《いちねん》の闘争《とうそう》に、すでに、「常楽我浄《じょうらくがじょう》」という、本然的《ほんねんてき》に「健康《けんこう》な生命《せいめい》」の勝利《しょうり》の軌道《きどう》が晴《は》れ晴《ば》れと開《ひら》かれているのです。

〝生きる意義《いぎ》を最大《さいだい》に見いだす〟

また、シマー博士は、こうも語《かた》られました。

「人は皆《みな》、こうした現象《げんしょう》（＝自《みずか》らの体《からだ》が壊《こわ》れていく現実《げんじつ》など）と向《む》き合《あ》い、正しく対処《たいしょ》していかなければならないのです。その点《てん》において仏教《ぶっきょう》は、現実《げんじつ》から逃避《とうひ》するのではなく、前向《まえむ》きに受《う》けいれ、生きる意義《いぎ》を最大《さいだい》に見いだすよう教《おし》えています」と。

戸田先生の言葉《ことば》にあったように、私たちは「病気菩薩《びょうきぼさつ》」の劇《げき》を演《えん》じているのです。病気《びょうき》の姿《すがた》を現《げん》じて、「地涌《じゆ》の菩薩《ぼさつ》」の使命《しめい》を果《は》たすことができるのです。

栄光凱歌《えいこうがいか》の使命《しめい》輝《かがや》く人生を

「変毒為薬《へんどくいやく》の妙法」を持《たも》った私たちは、もはや病《やまい》を恐《おそ》れることは断《だん》じてありません。いよいよ、希望《きぼう》を燃《も》え上《あ》がらせていくのです。

一切《いっさい》の困難《こんなん》に対《たい》して、〝さあ、わが使命《しめい》を果《は》たす時《とき》が来《き》た！〟と、悦《よろこ》び勇《いさ》み、勇気凛々《ゆうきりんりん》と朗《ほが》らかに生きるのです。

病魔《びょうま》に打《う》ち勝《か》つ、題目の師子吼《ししく》を轟《とどろ》かせながら、共《とも》に励《はげ》まし、共々《ともども》に栄光凱《えいこうがい》歌《か》の人生を進《すす》み抜《ぬ》こうではありませんか！

〔注　解〕

〈注1〉【地涌《じゆ》の菩薩《ぼさつ》】法華経従地涌出品第《じゅうじゆじゅっぽんだい》十五で、釈尊《しゃくそん》が滅後《めつご》における妙法弘通《ぐつう》を託《たく》すべき人々として呼《よ》びいだした菩薩《ぼさつ》たち。大地《だいち》から涌出《ゆじゅつ》したので地涌《じゆ》の菩薩《ぼさつ》という。

〈注2〉【太田入道殿御返事《おおたにゅうどうどのごへんじ》】建治元年《けんじがんねん》（一二七五年）十一月に送《おく》られたお手紙《てがみ》。太田入道《おおたにゅうどう》とは大《おお》田乗明《たじょうみょう》のことで、下総国《しもうさのくに》（千葉県北部など）で信心に励《はげ》んだ門下《もんか》。本抄《ほんしょう》では、法華経は全《ぜん》世界《せかい》の人の病《やまい》の良薬《りょうやく》であるから病気平癒《びょうきへいゆ》、寿命《じゅみょう》をも延《の》ばす大功徳《だいくどく》があると、病気《びょうき》に対《たい》する根本的《こんぽんてき》な解決《かいけつ》を示《しめ》されている。

〈注3〉【天台大師《てんだいだいし》】五三八年〜五九七年。中国の陳《ちん》・隋《ずい》の時代《じだい》に活躍《かつやく》した僧《そう》で、『摩訶止観《まかしかん》』を講述《こうじゅつ》し、一念三千《いちねんさんぜん》の観法《かんぽう》を確立《かくりつ》した。御文《ごもん》の一節《いっせつ》は『摩訶止観《まかしかん》』の巻《まき》第八上。

〈注4〉【常楽我浄《じょうらくがじょう》】仏《ほとけ》の生命《せいめい》に具《そな》わる徳目《とくもく》で、四徳波羅蜜《しとくはらみつ》ともいう。常《じょう》とは、仏《ほとけ》が完全《かんぜん》な永遠性《えいえんせい》を実現《じつげん》していること。楽《らく》とは、完全《かんぜん》な安楽《あんらく》。我《が》とは、完全《かんぜん》な主体性《しゅたいせい》。浄《じょう》とは、完全《かんぜん》な清《きよ》らかさをいう。

〈注5〉【転重軽受《てんじゅうきょうじゅ》】「重《おも》きを転《てん》じて軽《かる》く受《う》く」と読《よ》み下《くだ》す。涅槃経巻《ねはんぎょうまき》三十一に説《と》かれる。正法《しょうほう》を護持《ごじ》する功徳《くどく》によって、過去世《かこせ》の重罪《じゅうざい》を転《てん》じて、現世《げんぜ》で軽《かる》くその報《むく》いを受《う》けるとの意《い》。

〈注6〉引用《いんよう》は「転重軽受法門《てんじゅうきょうじゅほうもん》」。文永《ぶんえい》八年（一二七一年）十月、大田左衛門尉《おおたさえもんのじょう》・曾谷入道《そやにゅうどう》・金原《かなばら》法橋《ほっきょう》の三人に与《あた》えられた一書《いっしょ》。竜《たつ》の口《くち》の法難直後《ほうなんちょくご》、依智《えち》（神奈川県厚木市内）におられた大聖人をお見舞《みま》いしたことへの御返事《ごへんじ》で、転重軽受《てんじゅうきょうじゅ》を教《おし》えられ、いかなる難《なん》にも信心強《つよ》く仏道修行《ぶつどうしゅぎょう》を貫《つらぬ》くよう示《しめ》されている。

〈注7〉「太田殿女房御返事《おおたどのにょうぼうごへんじ》」。建治元年《けんじがんねん》（一二七五年）、太田入道《おおたにゅうどう》の妻《つま》に送《おく》られたお手紙《てがみ》。即身成《そくしんじょう》仏《ぶつ》は法華経に限《かぎ》る重大《じゅうだい》な法門《ほうもん》であることが説《と》かれている。

〈注8〉【即身成仏《そくしんじょうぶつ》】歴劫修行《りゃっこうしゅぎょう》によらず凡夫《ぼんぷ》がその身《み》のままで成仏《じょうぶつ》すること。

〈注9〉【苦集《くじゅう》の二諦《にたい》】苦諦《くたい》と集諦《じったい》のこと。滅諦《めったい》・道諦《どうたい》と合わせて四諦《したい》（四つの真理《しんり》）ともいう。苦諦《くたい》は、迷《まよ》いのこの世は一切《いっさい》が苦《くる》しみであること。集諦《じったい》は、苦《く》を集《あつ》める因《いん》は執着《しゅうじゃく》などの煩《ぼん》悩《のう》であること。

〈注10〉【煩悩《ぼんのう》・業《ごう》・苦《く》の三道《さんどう》】凡夫《ぼんぷ》が生命《せいめい》に具《そな》わる迷《まよ》いである煩悩《ぼんのう》によって、悪業《あくごう》を積《つ》み重《かさ》ね、苦悩《くのう》の境涯《きょうがい》に陥《おちい》ることを繰《く》り返《かえ》していること。

〈注11〉【法身《ほっしん》・般若《はんにゃ》・解脱《げだつ》の三徳《さんとく》】仏《ほとけ》の具《そな》えている三種《さんしゅ》の徳性《とくせい》で、法身《ほっしん》とは証得《しょうとく》した真理《しんり》、般若《はんにゃ》とはその真理《しんり》を覚知《かくち》する智慧《ちえ》、解脱《げだつ》とは苦《く》の束縛《そくばく》を脱却《だっきゃく》した自在《じざい》の境地《きょうち》。

〈注12〉【願兼於業《がんけんおごう》】「願《がん》、業《ごう》を兼《か》ぬ」と読《よ》み下《くだ》す。本来《ほんらい》、修行《しゅぎょう》の功徳《くどく》によって安楽《あんらく》な境涯《きょうがい》に生まれるべきところを、苦悩《くのう》に沈《しず》む民衆《みんしゅう》を救済《きゅうさい》するために、自《みずか》ら願《ねが》って、悪世《あくせ》に生まれること。

法華経法師品第十《ほっしほんだい》には、「是《こ》の人《ひと》は自《みずか》ら清浄《しょうじょう》の業報《ごっぽう》を捨《す》てて、我滅度《われめつど》して後《のち》に於《お》いて、衆生《しゅじょう》を愍《あわ》れむが故《ゆえ》に、悪世《あくせ》に生まれて、広《ひろ》く此《こ》の経《きょう》を演《の》ぶ」（法華経三五七ジペー）と説《と》かれている。

〈注13〉【ルネ・シマー博士】一九三五年〜。カナダ・モントリオール出身《しゅっしん》。モントリオール大学で医学《いがく》博士号を取得《しゅとく》。同《どう》大学がん研究所所長《けんきゅうじょしょちょう》、学長《がくちょう》を歴任《れきにん》。『健康と人生――生老病死《しょうろうびょうし》を語《かた》る』は、『池田大作全集』第107巻所収。

〈注14〉【ギー・ブルジョ博士】一九三三年〜。カナダ・モントリオール生まれ。モントリオール大学生涯教育学部長《しょうがいきょういくがくぶちょう》、カナダ・ユネスコ協会会長《きょうかいかいちょう》などを歴任《れきにん》。主《おも》な著書《ちょしょ》に『倫理学《りんりがく》、法学《ほうがく》と健康工学《けんこうこうがく》』『生物医学《せいぶついがく》の新技術《しんぎじゅつ》に直面《ちょくめん》する倫理《りんり》と法律《ほうりつ》』など。

「心の財《たから》第一」の生涯《しょうがい》——日々《ひび》、価値創造《かちそうぞう》の一日に

創価学会は、初代会長・牧口常三郎《つねさぶろう》先生、第二代会長・戸田城聖《じょうせい》先生、お二人の「師弟《してい》の誓願《せいがん》」によって創立《そうりつ》されました。日蓮大聖人の御遺命《ごゆいめい》である「広宣流布」という大願《だいがん》を掲《かか》げて、両《りょう》先生は決然《けつぜん》と立ち上がられた。

この創価の師弟《してい》が貫《つらぬ》かれた不惜身命《ふしゃくしんみょう》・死身弘法《ししんぐほう》〈注1〉の大闘争《だいとうそう》とともに、学会精神《せいしん》は永遠不滅《えいえんふめつ》の輝《かがや》きを放《はな》っていくのです。

「広布と人生」の大道《だいどう》を

もちろん、不惜身命《ふしゃくしんみょう》――身命《しんみょう》を惜《お》しまず、とは、安直《あんちょく》に生命《せいめい》を捨《す》てることなどではありません。かけがえのない生命《せいめい》だからこそ、その生命《せいめい》をいかなる目的《もくてき》のために使《つか》い、どう大切《たいせつ》な人生を生き切《き》っていくか。結論《けつろん》すれば、法華経に示《しめ》された万人尊敬《ばんにんそんけい》の生き方を、自《みずか》ら選《えら》びとって、「広布と人生」の大道《だいどう》を歩《あゆ》み通《とお》すことです。

尊《とうと》き妙法のために、尊《とうと》き広布のために、尊《とうと》きわが使命《しめい》の完遂《かんすい》のために、生きて生き、生き抜《ぬ》いていく。それが「健康長寿《けんこうちょうじゅ》の信心」です。

創価の「師弟《してい》の誓願《せいがん》」

牧口先生が入信《にゅうしん》されたのは、一九二八年（昭和三年）、五十七歳の年でした。弘教《ぐきょう》に奔走《ほんそう》された牧口先生は、六十九歳という当時《とうじ》としては高齢《こうれい》の身を押《お》して、九州各地《かくち》へも行かれています。軍部政府《ぐんぶせいふ》の圧力《あつりょく》にも屈《くっ》せず、広宣流布のために率先《そっせん》して動《うご》き、語《かた》り抜《ぬ》かれた――これが創価の先師《せんし》が示《しめ》された不惜《ふしゃく》の闘争《とうそう》です。

恩師《おんし》・戸田先生もまた、七十五万世帯《せたい》の願業《がんぎょう》を果《は》たし、最後《さいご》の最後《さいご》まで広布の指揮《しき》を執《と》り続《つづ》けられました。「追撃《ついげき》の手を緩《ゆる》めるな」との気概《きがい》を私たち青年に教《おし》えてくださったのです。

戦《たたか》い続《つづ》ける人の心は老《お》いない

戦《たたか》い続《つづ》ける人の心は老《お》いないことを、先師《せんし》も恩師《おんし》も示《しめ》されました。

広宣流布は、仏《ほとけ》と魔《ま》との永遠《えいえん》の闘争《とうそう》だからです。「月月《つきづき》・日日《ひび》につより《強》給《たま》へ・すこしもたゆむ《撓》心あらば魔《ま》たよりをうべし」（全一一九〇㌻・新一六二〇㌻）との仰《おお》せの通《とお》りです。絶《た》えず前進《ぜんしん》していくことが大事《だいじ》なのです。心が老《お》いて退《しりぞ》いてしまえば、魔《ま》を打《う》ち破《やぶ》ることはできません。

そして、わが広宣流布の使命《しめい》の遂行《すいこう》に終《お》わりはありません。

牧口先生は折々《おりおり》に「われわれ青年は」と語《かた》られ、常《つね》に向上《こうじょう》を目指《めざ》す息吹《いぶき》に満《み》ちていました。

「年《とし》は・わか《若》うなり」（全一一三五ページ・新一五四三ページ）です。何歳《なんさい》になろうとも、大《おお》いなる使命《しめい》に生き抜《ぬ》く人は、いつまでも「青年の心」を持《も》ちながら、進歩《しんぽ》し、境涯《きょうがい》を広《ひろ》げ、大満足《だいまんぞく》の大願成就《だいがんじょうじゅ》の人生を創《つく》りあげていくのです。

ここでは、「健康長寿《けんこうちょうじゅ》」の信心と智慧《ちえ》について、御書を拝《はい》しながら確認《かくにん》していきます。

白米一俵御書《はくまいいっぴょうごしょ》

御文　（全一五九六ページ・新二〇五二ページ）

いのちと申《もう》す物《もの》は一切《いっさい》の財《たから》の中《なか》に第一《だいいち》の財《たから》なり、遍満三千《へんまんさんぜん》

界《かい》無《む》有《う》直《じき》身《しん》命《みょう》ととかれて三《さん》千《ぜん》大《だい》千《せん》世《せ》界《かい》にみて満てて候《そうろう》財《たから》も・いのち命には・かへぬ事《こと》に候《そうろう》なり

現代語訳

命《いのち》というものは一切《いっさい》の財《たから》の中で第一《だいいち》の財《たから》である。「三千世《せ》界《かい》に遍満《へんまん》する身命《しんみょう》に直《あたい》するもの有《あ》ること無《な》し」と説《と》かれていて、三千大千世《せ》界《かい》に満《み》ちた財《たから》も、命《いのち》には替《か》えられないのです。

人間主義《しゅぎ》の太陽の仏法を世界《せかい》に

創価学会は、「人間主義《しゅぎ》」の太陽の仏法を世界中《せかいじゅう》に弘《ひろ》めています。

友《とも》の仏性《ぶっしょう》を信《しん》じ抜《ぬ》き、相手《あいて》の幸福《こうふく》を願《ねが》い、精魂《せいこん》を傾《かたむ》け行動《こうどう》していく。どこまでも「一人《ひとり》の人」を大切《たいせつ》にする生き方こそ、法華経の「生命尊厳《せいめいそんげん》」「万人尊《ばんにんそん》敬《けい》」の継承《けいしょう》です。

「白米一俵御書《はくまいいっぴょうごしょ》」〈注2〉では、生命《せいめい》の尊厳性《そんげんせい》を教《おし》えられ、「命《いのち》と申《もう》す財《たから》にすぎて候《そうろう》財《たから》は候《そうら》はず」（全一五九六ページ・新二〇五二ページ）と仰《おお》せです。そして凡夫《ぼんぷ》は「志《こころ》ざし」によって成仏《じょうぶつ》していくことを示《しめ》されています。

牧口先生も線《せん》を引《ひ》かれ、大切《たいせつ》に拝《はい》されていた御聖訓《ごせいくん》です。

一人《ひとり》の命《いのち》は全宇宙《ぜんうちゅう》の宝《たから》よりも尊《とうと》い

日蓮大聖人は、「三千大千世界《さんぜんだいせんせかい》にみて《満》て候《そうろう》財《たから》も・いのち《命》にはかへぬ事《こと》に候《そうろう》なり」と宣言《せんげん》されました。

一人《ひとり》の命《いのち》ほど尊極《そんごく》のものはありません。深遠《しんえん》にして珠玉《しゅぎょく》の生命観《せいめいかん》を説《と》き明《あ》かし、「生命尊厳《せいめいそんげん》」の価値観《かちかん》を第一義《だいいちぎ》とすべきことを教《おし》えているのが日蓮仏法です。

病《やまい》を患《わずら》っていた門下《もんか》に送《おく》られた別《べつ》の御書でも、「命《いのち》と申《もう》す物《もの》は一身第一《いっしんだいいち》の珍《ちん》宝《ぽう》なり一日《いちにち》なりとも・これを延《のぶ》るならば千万両《せんまんりょう》の金《こがね》にもすぎたり」（全九八六ジペー・新一三〇八ジペー）、「一日《いちにち》の命《いのち》は三千界《さんぜんかい》の財《たから》にもすぎて候《そうろう》なり」（全同ジペー・新一三〇九ジペー）等《とう》と仰《おお》せです。これは命《いのち》の尊《とうと》さを訴《うった》えるとともに、断《だん》じて生き抜《ぬ》くのだと、最大《さいだい》に励《はげ》まされているのです。

生命尊厳《せいめいそんげん》の仏法を現代《げんだい》に弘通《ぐつう》

現代《げんだい》において、この生命尊厳《せいめいそんげん》の仏法を弘通《ぐつう》する地涌《じゆ》の使命《しめい》を蘇《よみがえ》らせたのが、恩師《おんし》・戸田先生の「獄中《ごくちゅう》の悟達《ごだつ》」でした。

投獄《とうごく》された戸田先生は、一九四四年（昭和十九年）の初頭《しょとう》から法華経を読《よ》み、その真意《しんい》を思索《しさく》されました。唱題に励《はげ》む中で、「仏《ほとけ》とは生命《せいめい》なり」と悟達《ごだつ》されたのです。

さらに戸田先生は、自身《じしん》が法華経に説《と》かれる「虚空会《こくうえ》の儀式《ぎしき》」〈注3〉に連《つら》なり、末法《まっぽう》広宣流布を託《たく》された地涌《じゆ》の菩薩《ぼさつ》であることを覚知《かくち》されます。この「我《われ》、地涌《じゆ》の菩薩《ぼさつ》なり」との大確信《だいかくしん》を会得《えとく》されたのは、牧口先生が殉教《じゅんきょう》された頃《ころ》のことでした。

健康長寿《けんこうちょうじゅ》に生き抜《ぬ》く地涌《じゆ》の使命《しめい》

創価の先師《せんし》・恩師《おんし》に連《つら》なる私たちもまた、「生命尊厳《せいめいそんげん》」「人間尊敬《そんけい》」の仏法を、全世界《ぜんせかい》に弘《ひろ》めんと誓《ちか》って、この世《よ》に生《う》まれ合《あ》わせた地涌《じゆ》の菩薩《ぼさつ》です。〝万《ばん》人《にん》に仏性《ぶっしょう》がある〟という法華経の思想《しそう》に基《もと》づき、あらゆる人々の生命《せいめい》を尊重《そんちょう》していく――。ここに私たちの広宣流布の実践《じっせん》があります。と同時《どうじ》に、尊《とうと》い命《いのち》を持《も》った一人《ひとり》一人であるからこそ、どこまでも生き抜《ぬ》き、互《たが》いに使命《しめい》を全《まっと》うしていくことが重要《じゅうよう》です。

法華経分別功徳品第十七《ふんべつくどくほんだい》には、「我《われ》は未来《みらい》に於《お》いて　長寿《じょうじゅ》にして衆生《しゅじょう》を度《ど》せん」（法華経五〇五ジペー）と説《と》かれています。

久遠《くおん》の仏《ほとけ》が長寿《ちょうじゅ》で民衆救済《みんしゅうきゅうさい》の大願《だいがん》を貫《つらぬ》く以上《いじょう》、地涌《じゆ》の菩薩《ぼさつ》もまた、「長寿《ちょうじゅ》であって衆生《しゅじょう》を救済《きゅうさい》しよう」との誓《ちか》いをわが誓《ちか》いとして生き抜《ぬ》いてこそ、師弟不《していふ》二《に》となります。

私たちでいえば、何《なに》があっても生き抜《ぬ》き、人々のために働《はたら》き、尽《つ》くしていこうとする決意《けつい》であり、祈《いの》りです。

当然《とうぜん》、誰人《たれびと》にもいずれ死《し》は訪《おとず》れます。その上で、悔《く》いなく、「更賜寿命《きょうしじゅみょう》」〈注4〉の実証《じっしょう》を自分《じぶん》らしく示《しめ》し切《き》っていく。そのための「健康長寿《けんこうちょうじゅ》の智慧《ちえ》」が重《じゅう》要《よう》となるのです。

超高齢社会《ちょうこうれいしゃかい》を迎《むか》えた社会《しゃかい》

日本をはじめ一部《いちぶ》の国々では現在《げんざい》、本格的《ほんかくてき》な超高齢社会《ちょうこうれいしゃかい》を迎《むか》えています。現《げん》代《だい》ならではのさまざまな課題《かだい》や困難《こんなん》に直面《ちょくめん》する方《かた》も多《おお》い。しかし、そうした時《じ》代社会《だいしゃかい》だからこそ、深《ふか》き使命感《しめいかん》に立ち、希望《きぼう》をもって立ち上がる学会員の「負《ま》けない」強《つよ》さが、ますます輝《かがや》いていきます。濁世《じょくせ》〈注5〉にこそ、人間の可能性《かのうせい》を信《しん》じ、慈愛《じあい》をもって、人を敬《うやま》う「振《ふ》る舞《ま》い」が、いよいよ光《ひか》ります。

世界を照《て》らす創価の人間ドラマ

生命尊厳《せいめいそんげん》・人間主義《しゅぎ》の記事《きじ》を発信《はっしん》する「聖教新聞」には、日本国内だけでなく、世界《せかい》のメンバーの信仰体験《しんこうたいけん》が多《おお》く紹介《しょうかい》されています。

毎日《まいにち》、信心を根本《こんぽん》とした人間の生き方が、いかに尊貴《そんき》であるか、人間とはいかに偉大《いだい》な存在《そんざい》かを証明《しょうめい》する人間ドラマがつづられています。その「体験《たいけん》」と「事実《じじつ》」には確《たし》かな説得力《せっとくりょく》があります。

人間関係《かんけい》の悩《なや》みや経済苦《けいざいく》の克服《こくふく》、闘病体験等々《とうびょうたいけんとうとう》、最近《さいきん》では、高齢者一人一人《こうれいしゃひとり》の自受法楽《じじゅほうらく》〈注6〉の人生劇《じんせいげき》が焦点《しょうてん》となる記事《きじ》も掲載《けいさい》されています。そこには、「老《お》い」や「病《やまい》」に直面《ちょくめん》したり、ある時《とき》は「死《し》」を見つめつつ、唱題を根《こん》本《ぽん》に、まさに仏法で説《と》く「衆生所遊楽《しゅじょうしょゆうらく》」の境涯《きょうがい》で闊達《かったつ》に生き抜《ぬ》いている姿《すがた》があります。

そうした方々《かたがた》の生命《せいめい》は、ますます自在《じざい》です。周囲《しゅうい》を明《あか》るく照《て》らし、人生《じんせい》の智《ち》慧《え》と魅力《みりょく》に満《み》ちあふれ、突《つ》き抜《ぬ》けた朗《ほが》らかさで周《まわ》りを圧倒《あっとう》する。こうした創価の人生に生きる学会員こそ、真《しん》の長者《ちょうじゃ》であり、円熟《えんじゅく》の信仰者《しんこうしゃ》であり、凱歌《がいか》の庶《しょ》民《みん》であり、まさに偉大《いだい》な凡夫即仏《ぼんぷそくほとけ》の体現者《たいげんしゃ》ではないでしょうか。

「病《やまい》」であろうと、「老《お》い」であろうと、そこに人間革命があり、価値創造《かちそうぞう》がある。

この学会員の実証《じっしょう》の中に、長寿時代《ちょうじゅじだい》を照《て》らす智慧《ちえ》の光明《こうみょう》があります。

「健康《けんこう》になろう」との祈《いの》りと工夫《くふう》

健康長寿《けんこうちょうじゅ》は、自身《じしん》が賢明《けんめい》になって勝《か》ち取《と》ることです。何《なに》よりも唱題が一切《いっさい》の根幹《こんかん》です。題目こそが生命《せいめい》の大良薬《だいりょうやく》だからです。

健康《けんこう》は智慧《ちえ》です。日々の生活《せいかつ》の中で「睡眠《すいみん》をとること」は根幹《こんかん》の条件《じょうけん》です。良《よ》い睡眠《すいみん》を目指《めざ》していくためにも、聡明《そうめい》に工夫《くふう》していきたい。夜《よる》は、できるだけ早く休むように心《こころ》がけていく。そして、疲《つか》れをためない生活《せいかつ》も、すべてわが信心の一念《いちねん》から起《お》こる智慧《ちえ》の結晶《けっしょう》です。

また、健康長寿《けんこうちょうじゅ》を具体的《ぐたいてき》に祈《いの》っていくことです。自分自身《じぶんじしん》の体調《たいちょう》を祈《いの》り、病《びょう》魔《ま》を寄《よ》せつけず、今世《こんぜ》の大願《だいがん》を果《は》たし抜《ぬ》いていきたい。「一家《いっか》のために、同志《どうし》のために、広布のために健康《けんこう》になろう、長寿《ちょうじゅ》になろう」と心《こころ》に決《き》めて祈《いの》っていくのです。大勢《おおぜい》の人に尽《つ》くしていこうという心広々《こころひろびろ》とした祈《いの》りは、そのまま御本尊に通《つう》じていきます。その祈《いの》りに呼応《こおう》して、諸天善神《しょてんぜんじん》も断《だん》じて守《まも》りに護《まも》るのです。

広布への尽力《じんりょく》を御本仏が御照覧《ごしょうらん》

老《お》いて、自分《じぶん》のできることが少《すく》なくなることは、自然《しぜん》の摂理《せつり》でもあります。

それでも、「できることは何《なん》でもしよう」「その分《ぶん》、後継《こうけい》の人材《じんざい》に題目を送《おく》ろう」と決意《けつい》すれば、いくらでも広宣流布への貢献《こうけん》は尽《つ》きません。

座談会《ざだんかい》のその場《ば》にいることが、同志《どうし》に無上《むじょう》の安心感《あんしんかん》を与《あた》えてくれます。何《なに》より、皆《みな》さんの長生《ながい》きする姿《すがた》そのものが、信心の証明《しょうめい》であり、地域《ちいき》の皆《みな》の希望《きぼう》と勝利《しょうり》となるのです。留守番《るすばん》も広宣流布の偉大《いだい》な戦《たたか》いです。たとえ、寝《ね》たきりでも、笑顔《えがお》を見せるだけ、まなざしを向《む》けるだけで、心が相手《あいて》に伝《つた》わります。その一念《いちねん》の行為《こうい》が下種《げしゅ》となっていくのです。

広宣流布のためにとの誠実《せいじつ》な「心」は、誰《だれ》が賞讃《しょうさん》しなくても必《かなら》ず御本仏がすべて御照覧《ごしょうらん》です。一切《いっさい》が偉大《いだい》なる功徳《くどく》、福運《ふくうん》となって自身《じしん》を荘厳《そうごん》していきます。

皆《みな》さんが長年《ながねん》にわたって地道《じみち》に築《きず》いてきた「心の財《たから》」は、決《けっ》して壊《こわ》れることはありません。仮《かり》に、若《わか》くして亡《な》くなろうが、不慮《ふりょ》の事故《じこ》に遭《あ》おうが、認知症《にんちしょう》になろうが、「悪象《あくぞう》（＝わが身《み》を壊《やぶ》る外的存在《がいてきそんざい》）等《とう》は唯《ただ》能《よ》く身《み》を壊《やぶ》りて心《こころ》を破《やぶ》ること能《あた》わず」（全七ページ・新一〇ページ）と断言《だんげん》されている通《とお》り、法華経の行者《ぎょうじゃ》として築《きず》いた「心の財《たから》」は、絶対《ぜったい》に崩《くず》れないのです。

「蔵《くら》の財《たから》よりも身《み》の財《たから》すぐれたり 身《み》の財《たから》より心の財《たから》第一《だいいち》なり」（全一一七三ページ・新一五九六ページ）です。

「蔵《くら》の財《たから》」や「身《み》の財《たから》」は、永続的《えいぞくてき》なものではない。しかし、「心の財《たから》」は生命《せいめい》に刻《きざ》まれ、今世《こんぜ》はもとより、三世永遠《さんぜえいえん》の財《たから》となる。だからこそ、「心の財《たから》をつませ給《たも》うべし」（同）と仰《おお》せなのです。妙法を持《たも》った人は、一日でも、新《あら》たに「心の財《たから》」を積《つ》めるのです。

「開目抄《かいもくしょう》」の結《むす》びは、「日蓮が流罪《るざい》は今生《こんじょう》の小苦《しょうく》なれば・なげかしからず、後生《ごしょう》には大楽《だいらく》を・うくべければ大《おお》に悦《よろこ》ばし」（全二三七ページ・新一二一ページ）です。

あいがたき生《せい》を受《う》け、あいがたき妙法を持《たも》った人は、すでに三世永遠《さんぜえいえん》の幸福《こうふく》の軌道《きどう》に乗《の》っていることは間違《まちが》いありません。今生《こんじょう》の苦難《くなん》は全部《ぜんぶ》、小苦《しょうく》となり、後生《ごしょう》の大楽《だいらく》が絶対《ぜったい》に約束《やくそく》されているのです。

御義口伝《おんぎくでん》

御　文

（全七四〇ジペー・新一〇三一ジペー）

御義口伝《おんぎくでん》に云《いわ》く四面《しめん》とは生老病死《しょうろうびょうし》なり四相《しそう》を以《もっ》て我等《われら》が一身《いっしん》の塔《とう》を荘厳《そうごん》するなり、我等《われら》が生老病死《しょうろうびょうし》に南無妙法蓮華経と唱《とな》え奉《たてまつ》るは併《しかしなが》ら四徳《しとく》の香《か》を吹《ふ》くなり、南無《なむ》とは楽波羅蜜《らくはらみつ》・妙法《みょうほう》とは我波羅蜜《がはらみつ》・蓮華《れんげ》とは浄波羅蜜《じょうはらみつ》・経《きょう》とは常波羅蜜《じょうはらみつ》なり

現代語訳

「御義口伝《おんぎくでん》」には仰《おお》せである。

宝塔《ほうとう》の四つの面《めん》とは生老病死《しょうろうびょうし》のことである。

（妙法は）この四つの相《そう》をもって、（反対《はんたい》に）我《われ》らの一身《いっしん》の生命《せいめい》の宝塔《ほうとう》

を荘厳《そうごん》するのである。

我《われ》らが生老病死《しょうろうびょうし》に当《あ》たって、南無妙法蓮華経と唱《とな》え奉《たてまつ》ることは、そのまま常楽我浄《じょうらくがじょう》の四つの徳《とく》の香《かお》りを吹《ふ》き薫《かお》らせているのである。

「南無《なむ》」とは楽波羅蜜《らくはらみつ》、「妙法」とは我波羅蜜《がはらみつ》、「蓮華《れんげ》」とは浄波羅《じょうはら》蜜《みつ》、「経《きょう》」とは常波羅蜜《じょうはらみつ》である。

「生老病死《しょうろうびょうし》」の苦《く》を「常楽我浄《じょうらくがじょう》」へ

「御義口伝《おんぎくでん》」〈注7〉の一節《いっせつ》です。

ハーバード大学の講演《こうえん》でも論及《ろんきゅう》しました〈注8〉。

「生老病死《しょうろうびょうし》」という四苦《しく》は人間の根源的苦悩《こんげんてきくのう》であり、誰人《たれびと》も避《さ》けられません。その苦《くる》しみを打開《だかい》するために仏法は説《と》かれました。

仏法は、万人《ばんにん》が「常楽我浄《じょうらくがじょう》」の境涯《きょうがい》を開《ひら》いていける大道《だいどう》です。妙法とともに生きる人生《じんせい》に恐《おそ》れるものはありません。私たちには、老《お》いも病《やまい》も死《し》も自身《じしん》の「生命《せいめい》の宝塔《ほうとう》〈注9〉」を荘厳《そうごん》する尊《とうと》い宝《たから》となるからです。

この御文《ごもん》は、宝塔《ほうとう》の四つの面《めん》とは生老病死《しょうろうびょうし》の四苦《しく》のことであり、その生老病《しょうろうびょう》死《し》の四つの姿《すがた》がそのまま妙法の力《ちから》によって、わが生命《せいめい》の宝塔《ほうとう》を荘厳《そうごん》していく。唱題によって、常楽我浄《じょうらくがじょう》の薫風《くんぷう》に昇華《しょうか》できるとの仰《おお》せです。

四徳《しとく》は最高《さいこう》の絶対的幸福境涯《ぜったいてきこうふくきょうがい》

「常《じょう》」とは、「常住《じょうじゅう》」です。すなわち、仏《ほとけ》の生命《せいめい》は三世永遠《さんぜえいえん》である。また衆生《しゅじょう》に具《そな》わる仏《ほとけ》の生命《せいめい》も常住《じょうじゅう》なのです。

「楽《らく》」とは、苦《くる》しみがなく安《やす》らかなこと。

「我《が》」とは、何《なに》ものにも壊《こわ》されない、主体的《しゅたいてき》な強靱《きょうじん》さをもつ生命《せいめい》をいいます。

「浄《じょう》」とは、清浄《しょうじょう》です。濁《にご》りきった世《よ》にあっても、清《きよ》らかな生命活動《せいめいかつどう》を行《おこな》えることです。

この「常楽我浄《じょうらくがじょう》の四徳《しとく》」は、仏界《ぶっかい》の生命境涯《せいめいきょうがい》であり絶対的幸福境涯《ぜったいてきこうふくきょうがい》〈注10〉そのものです。いわば、確固《かっこ》たる人格《じんかく》の輝《かがや》きともいえます。「御義口伝《おんぎくでん》」では、常楽我浄《じょうらくがじょう》を南無妙法蓮華経に配《はい》されています。私たちが、自身《じしん》の常楽我浄《じょうらくがじょう》の境涯《きょうがい》を開《ひら》くカギは、「南無妙法蓮華経」の自行化他《じぎょうけた》の唱題行《しょうだいぎょう》に尽《つ》きるのです。

妙法への信仰《しんこう》こそが、苦難《くなん》の烈風《れっぷう》の中で境涯《きょうがい》を開《ひら》き、偉大《いだい》な人格《じんかく》をつくり、輝《かがや》かせていきます。そして、その宝塔《ほうとう》の常楽我浄《じょうらくがじょう》の四徳《しとく》の香《かお》りは彼方《かなた》まで広《ひろ》がり、多《おお》くの人《ひと》に歓喜《かんき》と勇気《ゆうき》を与《あた》えるのです。

一遍《いっぺん》の題目にも偉大《いだい》な功力《くりき》が

なかんずく、生老病死《しょうろうびょうし》の苦悩《くのう》が襲《おそ》ってきた時こそ、信心を強め、御本尊根本に勇敢《ゆうかん》に祈《いの》るなかに、常楽我浄《じょうらくがじょう》の大境涯《だいきょうがい》が開かれることを確信《かくしん》していきたい。

大事《だいじ》なのは、不退《ふたい》の祈《いの》りです。

御書にも、「一遍此《いっぺんこ》の首題《しゅだい》を唱《とな》へ奉《たてまつ》れば一切衆生《いっさいしゅじょう》の仏性《ぶっしょう》が皆《みな》よばれて爰《ここ》に集《あつ》まる」（全四九八ジペー・新五七八ジペー）、「是《これ》を信《しん》じて一遍《いっぺん》も南無妙法蓮華経と申《もう》せば法華経を覚《さとり》て如法《にょほう》に一部《いちぶ》をよみ奉《たてまつ》るにてあるなり、十遍《じっぺん》は十部《じゅうぶ》・百遍《ひゃっぺん》は百部《ひゃくぶ》・千《せん》遍《べん》は千部《せんぶ》を如法《にょほう》によみ奉《たてまつ》るにてあるべきなり」（全四一一ジペー・新三五七ジペー）など、一遍《いっぺん》の題目にも偉大《いだい》な功力《くりき》があることが明確《めいかく》に示《しめ》されています。

環境《かんきょう》が変《か》わり、朗々《ろうろう》と唱題行《しょうだいぎょう》ができなくなる場合もあるでしょう。その時《とき》は、心の中で題目を念《ねん》じ唱《とな》えることです。戸田先生は、そうした題目にも大功《だいく》徳《どく》があると教えられていました。

題目を唱《とな》えようという「心」があり、真剣《しんけん》な「志《こころざし》」があれば、福徳《ふくとく》は間違《まちが》いありません。総仕上《そうしあ》げの中で自《みずか》らが唱《とな》え、また、家族《かぞく》や同志《どうし》が唱《とな》える南無妙法蓮華経の題目に包《つつ》まれながら、所願満足《しょがんまんぞく》の人生を飾《かざ》ることができるのです。

胸中《きょうちゅう》に「安穏《あんのん》の宮殿《きゅうでん》」を築《きず》く

大聖人は、佐渡《さど》に住《す》む懐《なつ》かしい老夫婦《ろうふうふ》に、身延《みのぶ》から励《はげ》ましの便《たよ》りを送《おく》られました。その中で、「いづくも定《さだ》めなし、仏《ほとけ》になる事《こと》こそつゐ《終》のすみか《栖》にては候《そうら》いしと・をもひ切《き》らせ給《たも》うべし」（全一三二三ページ・新一七五七ページ）と仰《おお》せです。「つゐ《終》のすみか《栖》」とは、求《もと》め抜《ぬ》いた最後《さいご》に得《え》る安住《あんじゅう》の地《ち》です。自身《じしん》の胸中《きょうちゅう》に築《きず》く三世《さんぜ》に崩《くず》れることのない常楽我浄《じょうらくがじょう》の境涯《きょうがい》こそ、永久《えいきゅう》の「安穏《あんのん》の宮殿《きゅうでん》」です。

戸田先生は、次《つぎ》のように語《かた》られました。

「人生において大事《だいじ》なのは、希望《きぼう》だ。希望《きぼう》があれば、前進《ぜんしん》できる。何《なに》があっても戦《たたか》える。生き抜《ぬ》いていける。そして、忍耐《にんたい》だ。忍耐《にんたい》があれば、愚痴《ぐち》に勝《か》てる。前進《ぜんしん》している人は、息吹《いぶき》がある。朗《ほが》らかだ。不退転《ふたいてん》の心で、朗《ほが》らかに前進《ぜんしん》すれば、必《かなら》ず勝利《しょうり》できるのである」

また、「生命力《せいめいりょく》が旺盛《おうせい》であれば、悩《なや》みだ、苦《くる》しみだ、貧乏《びんぼう》だなどと、いろいろな愚痴《ぐち》をいう世界《せかい》が、明《あか》るい楽《たの》しい世界《せかい》に変《か》わる」とも指導《しどう》されていました。

偉大《いだい》な思想《しそう》を世界《せかい》に向《む》けて紹介《しょうかい》

「欧州統合《おうしゅうとうごう》」の提唱者《ていしょうしゃ》として知《し》られるクーデンホーフ＝カレルギー伯爵《はくしゃく》〈注11〉は私どもの運動《うんどう》に期待《きたい》を寄《よ》せていました。私との対談《たいだん》の折《おり》、伯爵《はくしゃく》は語《かた》られました。

「日本が世界に向《む》けて輸出《ゆしゅつ》すべきものは、たんなる物《もの》や技術《ぎじゅつ》だけではありません。もっと大事《だいじ》なことは、偉大《いだい》な思想《しそう》を外国《がいこく》に向《む》けて紹介《しょうかい》することです。その偉大《いだい》な思想《しそう》とは、インドに起《お》こり、中国を経《へ》て、日本で大成《たいせい》した、平和的《へいわてき》な、生命尊重《せいめいそんちょう》の仏教《ぶっきょう》の思想《しそう》です」と。

前進《ぜんしん》、前進《ぜんしん》、また前進《ぜんしん》を！

生命尊厳《せいめいそんげん》の人間主義《しゅぎ》を、世界中《せかいじゅう》の人々がいやまして求《もと》めています。だからこそ、創価の善《ぜん》の連帯《れんたい》は厳然《げんぜん》と五大州《ごだいしゅう》に広《ひろ》がったのです。

私たちはどこまでも広宣流布に生きて生き抜《ぬ》く中に、常楽我浄《じょうらくがじょう》の勝利《しょうり》の人生を勝《か》ち飾《かざ》りゆくことができるのです。

〔注　解〕

〈注1〉【不惜身命《ふしゃくしんみょう》・死身弘法《ししんぐほう》】「不惜身命《ふしゃくしんみょう》（身命《しんみょう》を惜《お》しまざるべし）」は、法華経勧持品第《かんじほんだい》十三の文《もん》。仏法を求《もと》めるため、また、法華経弘通《ぐつう》のために身命《しんみょう》を惜《お》しまないこと。「死身弘法《ししんぐほう》（身《み》を死《ころ》して法《ほう》を弘《ひろ》む）」は、章安大師《しょうあんだいし》の『涅槃経疏《ねはんぎょうしょ》』の文《もん》。教法流布《きょうほうるふ》の精神《せいしん》を示《しめ》したもので、身《み》を賭《と》して法《ほう》を弘《ひろ》めることをいう。

〈注2〉【白米一俵御書《はくまいいっぴょうごしょ》】身延《みのぶ》で御述作《ごじゅっさく》され、富士方面《ふじほうめん》の門下《もんか》に宛《あ》てられたと考《かんが》えられるが詳細《しょうさい》は不明《ふめい》。白米《はくまい》の御供養《ごくよう》に対《たい》する御返事《ごへんじ》。供養《くよう》の意義《いぎ》が説《と》かれており、「第一《だいいち》の財《たから》」である生命《せいめい》をつなぐための供養《くよう》の功徳《くどく》が絶大《ぜつだい》であり、白米《はくまい》の供養《くよう》はわが生命《せいめい》を供養《くよう》するに等《ひと》しいと説《と》かれている。

〈注3〉【虚空会《こくうえ》の儀式《ぎしき》】法華経の見宝塔品第《けんほうとうほんだい》十一から嘱累品第《ぞくるいほんだい》二十二までの説法《せっぽう》の会座《えざ》は、仏《ほとけ》と全聴衆《ぜんちょうしゅう》がともに虚空《こくう》にあって行《おこな》われたので「虚空会《こくうえ》」という。

〈注4〉【更賜寿命《きょうしじゅみょう》】法華経如来寿量品第《にょらいじゅりょうほんだい》十六に説《と》かれる文《もん》（法華経四八五㌻）で、「更《さら》に寿命《じゅみょう》を賜《たま》え」と読《よ》み下《くだ》す。良医病子《ろういびょうし》の譬《たと》えのなかで、毒《どく》を飲《の》んだ子らが父である良医《りょうい》に治療《ちりょう》と施《せ》薬《やく》を求《もと》めた言葉《ことば》。

〈注5〉【濁世《じょくせ》】濁《にご》って乱《みだ》れきった世《よ》の中《なか》のこと。法華経方便品第《ほうべんぼんだい》二に説《と》かれ、五濁《ごじょく》（生命《せいめい》の濁《にご》りや劣化《れっか》の様相《ようそう》を劫濁《こうじょく》・煩悩濁《ぼんのうじょく》・衆生濁《しゅじょうじょく》・見濁《けんじょく》・命濁《みょうじょく》に分類《ぶんるい》したもの）が盛《さか》んになる末法《まっぽう》の世相《せそう》のこと。

〈注6〉【自受法楽《じじゅほうらく》】「自《みずか》ら法楽《ほうらく》を受《う》く」と読《よ》む。自《みずか》ら妙法の功徳《くどく》である真《しん》の安楽《あんらく》を受《う》けること。「法楽《ほうらく》」とは、仏《ほとけ》の覚《さと》りを享受《きょうじゅ》する最高絶対《さいこうぜったい》の幸福《こうふく》のこと。

〈注7〉【御義口伝《おんぎくでん》】日蓮大聖人が、身延《みのぶ》で法華経の要文《ようもん》を講義《こうぎ》され、それを日興上人《にっこうしょうにん》が筆録《ひつろく》したと伝《つた》えられている。上下二巻《かん》からなる。引用《いんよう》の一節《いっせつ》は、「宝塔品廿箇《ほうとうほんにじゅっか》の大事《だいじ》」のうち、「第三　四面皆出《しめんかいすい》の事《こと》」から。

〈注8〉一九九三年（平成五年）九月二十四日に、「二十一世紀文明《せいきぶんめい》と大乗仏教《だいじょうぶっきょう》」と題《だい》して、アメリカのハーバード大学で行《おこな》われた二回目《かいめ》の講演《こうえん》。「生も歓喜《かんき》、死《し》も歓喜《かんき》」との生死観《しょうじかん》をはじめ、人類《じんるい》の文明《ぶんめい》における大乗仏教《だいじょうぶっきょう》の貢献《こうけん》を論《ろん》じた。

〈注9〉【宝塔《ほうとう》】法華経見宝塔品第《けんほうとうほんだい》十一で涌出《ゆじゅつ》する、七宝《しっぽう》で荘厳《そうごん》された塔《とう》。日蓮大聖人は「末法《まっぽう》に入《い》って法華経を持《たも》つ男女《なんにょ》の・すがたより外《ほか》には宝塔《ほうとう》なきなり」（全一三〇四ページ・新一七三二ページ）と述《の》べられて、御本尊を受持《じゅじ》した衆生《しゅじょう》の当体《とうたい》こそ宝塔《ほうとう》にほかならないとされている。

〈注10〉【絶対的幸福境涯《ぜったいてきこうふくきょうがい》】どこにいても、何《なに》があっても、生きていること自体《じたい》が幸福《こうふく》である、楽《たの》しいという境涯《きょうがい》。第二代会長の戸田城聖《じょうせい》先生が成仏《じょうぶつ》の境涯《きょうがい》を現代的《げんだいてき》に表現《ひょうげん》した言葉《ことば》。外的《がいてき》条件《じょうけん》に左右されることのない幸福境涯《こうふくきょうがい》。この対語《ついご》が相対的幸福境涯《そうたいてきこうふくきょうがい》。

〈注11〉**【クーデンホーフ＝カレルギー伯爵《はくしゃく》】**一八九四年～一九七二年。オーストリアの政治学《せいじがく》者《しゃ》。「汎《はん》ヨーロッパ運動《うんどう》」に挺身《ていしん》し、欧州連合《おうしゅうれんごう》の創設《そうせつ》に影響《えいきょう》を与《あた》えた。池田先生との対談集《たいだんしゅう》『文明《ぶんめい》・西《にし》と東《ひがし》』（『池田大作全集』第102巻所収）がある。引用《いんよう》は同書《どうしょ》から。

「生《せい》も歓喜《かんき》　死も歓喜《かんき》」——仏法の生死不二《しょうじふに》の大境涯《だいきょうがい》

「現在《げんざい》、人類《じんるい》が直面《ちょくめん》している諸問題《しょもんだい》に関《かん》して、二人で有意義《ゆういぎ》に意見交換《いけんこうかん》できれば幸《さいわ》いです」——トインビー博士〈注1〉からタイプ打《う》ちのエアメールをいただいたのは、一九六九年（昭和四十四年）九月のことでした。

この二年前《ねんまえ》に来日《らいにち》された博士は、仏教への深《ふか》い関心《かんしん》を抱《いだ》き、各界《かっかい》の識者《しきしゃ》から創価学会の話《はなし》を聞《き》いていたのです。

現代社会《げんだいしゃかい》の大《おお》きなテーマ

一九七二年（昭和四十七年）五月と翌年《よくとし》五月に、合計四十時間《じかん》、博士と私は現《げん》代社会《だいしゃかい》の諸問題《しょもんだい》について語《かた》り合《あ》いました。そのなかでも、ひときわ大きなテーマとなったのが、「生死《しょうじ》」の問題《もんだい》です。トインビー博士が真剣《しんけん》な表情《ひょうじょう》で語《かた》られていたことが、今も鮮明《せんめい》に思《おも》い起《お》こされます。

「社会《しゃかい》の指導者《しどうしゃ》たちは、生死《しょうじ》の問題《もんだい》を真正面《ましょうめん》から解決《かいけつ》しようとせず、すべて避《さ》けてとおっている。ゆえに、社会《しゃかい》と世界《せかい》の未来《みらい》の根本的解決法《こんぽんてきかいけつほう》は見いだせない」

「生死《しょうじ》」の解決《かいけつ》が一切《いっさい》の根本《こんぽん》

人は、何《なん》のために生まれてくるのか。

なぜ、「生老病死《しょうろうびょうし》」の苦悩《くのう》があるのか。

釈尊《しゃくそん》が出家《しゅっけ》を決意《けつい》し、仏道《ぶつどう》に入ったのも、この生老病死《しょうろうびょうし》の四苦《しく》の解決《かいけつ》を願《ねが》ってのことでした。

トインビー博士は、生死《しょうじ》の問題《もんだい》について「私はこの道《みち》を高等宗教《こうとうしゅうきょう》、なかんずく大乗仏教《だいじょうぶっきょう》に求《もと》めてきた」と語《かた》られていました。

博士は大乗仏教《だいじょうぶっきょう》に、生死《しょうじ》という根本課題《こんぽんかだい》を克服《こくふく》する道《みち》を求《もと》め、だからこそまた、期待《きたい》もされていたのです。

「死《し》の問題《もんだい》」を直視《ちょくし》する仏法

戸田城聖《じょうせい》先生もよく、「仏法の解決《かいけつ》すべき問題《もんだい》の最後《さいご》は死《し》の問題《もんだい》」と語《かた》られていました。

事実《じじつ》、死《し》を忌《い》み嫌《きら》うのではなく、直視《ちょくし》して正しく位置《いち》づけていくのが、大乗《だいじょう》仏教《ぶっきょう》の生死観《しょうじかん》です。このことは、「本有《ほんぬ》の生死《しょうじ》」〈注2〉、「生死不二《しょうじふに》」〈注3〉等《とう》、日蓮大聖人の仏法に明確《めいかく》に説《と》かれています。

ここでは、こうした「仏法の生死観《しょうじかん》」について、御書を拝《はい》し学んでまいりたいと思《おも》います。

上野殿後家尼御返事《うえのどのごけあまごへんじ》

御文　（全一五〇六ページ・新一八三五ページ）

故聖霊《こしょうりょう》は此《こ》の経《きょう》の行者《ぎょうじゃ》なれば即身成仏《そくしんじょうぶつ》疑《うたが》いなし、さのみなげき《嘆》給《たも》うべからず、又《また》なげき給《たも》うべきが凡夫《ぼんぷ》のことわり《理》なり、ただし聖人《しょうにん》の上《うえ》にも・これあるなり、釈迦仏《しゃかぶつ》・御入滅《ごにゅうめつ》のとき諸大弟子等《しょだいでしとう》のさとり《悟》のなげき・凡夫《ぼんぷ》のふるまひ《振舞》を示《しめ》し給《たも》うか。

いかにも・いかにも追善供養《ついぜんくよう》を心《こころ》のをよぶ《及》ほどはげみ《励》給《たも》う

べし

現代語訳

亡《な》くなった上野殿《うえのどの》は、この法華経の行者《ぎょうじゃ》ですから即身成仏《そくしんじょうぶつ》は間違《まちが》いありません。だから、そのように嘆《なげ》くべきではありません。しかしまた、嘆《なげ》くのが凡夫《ぼんぷ》のならいです。

もっとも、聖人《しょうにん》であっても嘆《なげ》くことはあるのです。釈迦仏《しゃかぶつ》が入滅《にゅうめつ》された時《とき》、多《おお》くの優《すぐ》れた弟子《でし》たちが、悟《さと》りを得《え》ていたのに嘆《なげ》かれたのは、凡夫《ぼんぷ》の振《ふ》る舞《ま》いを示《しめ》されたのでしょうか。

何《なん》としても、追善供養《ついぜんくよう》を心《こころ》ゆくまで励《はげ》んでいかれることです。

「即身成仏《そくしんじょうぶつ》」の極理《ごくり》を伝《つた》える

本抄《ほんしょう》は、夫《おっと》である南条兵衛七郎《なんじょうひょうえしちろう》を若《わか》くして亡《な》くした上野尼御前《うえのあまごぜん》に送《おく》られた激励《げきれい》のお手紙《てがみ》です。

末尾《まつび》に「胸中《きょうちゅう》に秘《ひ》めた大切《たいせつ》な法門《ほうもん》を書《か》きました」（全一五〇六ジペー・新一八三五ジペー、通解）とあるように、「即身成仏《そくしんじょうぶつ》」の極理《ごくり》について示《しめ》されています。

重《おも》い病《やまい》と闘《たたか》っていた南条兵衛七郎《なんじょうひょうえしちろう》は、大聖人から大激励《だいげきれい》を受《う》けるなか、最期《さいご》まで信心を貫《つらぬ》いて霊山《りょうぜん》へと旅立《たびだ》ちました。

兵衛七郎《ひょうえしちろう》が亡《な》くなった時《とき》、息子《むすこ》の時光《ときみつ》はまだ七歳《さい》でした。しかも妻《つま》の上野尼御前《うえのあまごぜん》は、五男にあたる末《すえ》の息子《むすこ》（七郎五郎《しちろうごろう》）を身《み》ごもっていたのです。幼子《おさなご》や胎児《たいじ》を抱《かか》えた状況《じょうきょう》で、一家《いっか》の大黒柱《だいこくばしら》を失《うしな》った尼御前《あまごぜん》の悲嘆《ひたん》と不安《ふあん》は、いかばかりだったでしょうか。

その尼御前《あまごぜん》に対《たい》して大聖人は〝亡《な》くなったご主人《しゅじん》は、法華経の行者《ぎょうじゃ》であったので、即身成仏《そくしんじょうぶつ》は疑《うたが》いありません〟と述《の》べられ、絶対《ぜったい》の安心《あんしん》を贈《おく》られます。

「生《せい》の仏《ほとけ》」「死《し》の仏《ほとけ》」

本抄《ほんしょう》の前段《ぜんだん》では、「いきて《生》をはしき時《とき》は生《せい》の仏《ほとけ》・今《いま》は死《し》の仏《ほとけ》・生死《しょうじ》ともに仏《ほとけ》なり、即身成仏《そくしんじょうぶつ》と申《もう》す大事《だいじ》の法門《ほうもん》これなり」（全一五〇四ページ・新一八三二ページ）と仰《おお》せです。

「即身成仏《そくしんじょうぶつ》」の法門《ほうもん》です。「死《し》んだ後《あと》に仏《ほとけ》になる」とは説《と》いていません。妙法に生き抜《ぬ》けば、「その身《み》そのままで仏《ほとけ》になる」のです。

「法華経の行者《ぎょうじゃ》」として信仰《しんこう》を貫《つらぬ》いた兵衛七郎《ひょうえしちろう》は、生きている時《とき》は「生《せい》の仏《ほとけ》」、今《いま》は「死《し》の仏《ほとけ》」、すなわち、生死《しょうじ》ともに仏《ほとけ》であることは間違《まちが》いないと御断《ごだん》言《げん》されているのです。

大聖人は、「だから、死《し》を嘆《なげ》かれることはないのですよ」と示《しめ》されています。仏法が説《と》く永遠《えいえん》の生命観《せいめいかん》の上から、〝何《なに》も心配《しんぱい》はいりません〟と、力強《ちからづよ》く励《はげ》まされているのです。

どこまでも相手《あいて》の心に寄《よ》り添《そ》う

その一方《いっぽう》で、死別《しべつ》を嘆《なげ》くことは釈尊《しゃくそん》の高弟《こうてい》たちにもあったとされ、どこまでも尼御前《あまごぜん》の心に寄《よ》り添《そ》い、温《あたた》かく包《つつ》み込《こ》まれています。

生死観《しょうじかん》や生命論《せいめいろん》を観念的《かんねんてき》に理解《りかい》したつもりでいても、現実《げんじつ》に自身《じしん》や肉親等《にくしんとう》の生死《しょうじ》の問題《もんだい》に直面《ちょくめん》した時《とき》に、動揺《どうよう》や迷《まよ》いがないということはありえません。嘆《なげ》きや悲《かな》しみがあるのは、むしろ当然《とうぜん》です。

大聖人は結論《けつろん》として、心ゆくまで唱題を積《つ》み重《かさ》ねていくよう教《おし》えられていきます。悲《かな》しみを追善《ついぜん》の祈《いの》りに変えていけばよいのです。

妙法の題目が最高《さいこう》の追善回向《ついぜんえこう》

故人《こじん》の成仏《じょうぶつ》は絶対《ぜったい》に間違《まちが》いありません。だからこそ〝ありのままの自分《じぶん》で、唱題に励《はげ》んでいけば、いいのですよ〟――大聖人の温《あたた》かな心音《しんおん》が聞《き》こえてくるようです。

故人《こじん》が信心をしていなかった場合《ばあい》もあるでしょう。しかし、妙法を持《たも》つ家《か》族《ぞく》・友人《ゆうじん》が追善《ついぜん》の題目を唱《とな》えていけば心配《しんぱい》はありません。自分自身《じぶんじしん》が仏道修行《ぶつどうしゅぎょう》で得《え》た功徳《くどく》を回《めぐ》らし向《む》けていく。これこそが追善回向《ついぜんえこう》の本義《ほんぎ》です。

大事《だいじ》なのは真心《まごころ》の題目です。正しき信心です。形式《けいしき》ではありません。ましてや「僧侶《そうりょ》が追善《ついぜん》しなければ成仏《じょうぶつ》できない」などとは、御書のどこにも書《か》かれてありません。

「御義口伝《おんぎくでん》」には「今日蓮等《いまにちれんら》の類《たぐ》い聖霊《しょうりょう》を訪《とぶら》う時《とき》 法華経を読誦《どくじゅ》し南無妙法蓮華経と唱《とな》え奉《たてまつ》る時《とき》・題目《だいもく》の光《ひかり》 無間《むけん》に至《いた》りて即身成仏《そくしんじょうぶつ》せしむ」（全七一二ページ・新九九一ページ）とあります。私たち自身《じしん》が唱《とな》える題目の大光《たいこう》が、無間地獄《むけんじごく》にまで至《いた》って成仏《じょうぶつ》へ導《みちび》けるとの御断言《ごだんげん》です。

霊鷲山《りょうじゅせん》で「千仏《せんぶつ》」が迎《むか》える

「生死一大事血脈抄《しょうじいちだいじけつみゃくしょう》」には、「悦《よろこ》ばしい哉《かな》 一仏二仏《いちぶつにぶつ》に非《あら》ず 百仏二百仏《ひゃくぶつにひゃくぶつ》に非《あら》ず千仏《せんぶつ》まで来迎《らいごう》し手《て》を取《と》り給《たま》はん事《こと》・歓喜《かんき》の感涙押《かんるいおさ》え難《がた》し」（全一三三七ジペー・新一七七五ジペー）とも仰《おお》せです。

家族《かぞく》はもとより、多《おお》くの学会同志《どうし》の題目に包《つつ》まれて霊山《りょうぜん》へと旅立《たびだ》つのは、まさに「千仏《せんぶつ》」に手《て》を取《と》られている姿《すがた》に通《つう》ずるでしょう。広布に戦《たたか》った庶民《しょみん》の英《えい》雄《ゆう》を皆《みな》が讃嘆《さんたん》し、見送《みおく》っているのです。

「歓喜《かんき》の感涙押《かんるいおさ》え難《がた》し」です。ここに「生《せい》も歓喜《かんき》、死《し》も歓喜《かんき》」の妙法の真髄《しんずい》があります。

天地《てんち》を荘厳《そうごん》に染《そ》め上げる大《おお》いなる夕日《ゆうひ》が、翌朝《よくちょう》の赫々《かっかく》たる旭日《きょくじつ》の慈光《じこう》を約束《やくそく》するように、妙法に包《つつ》まれた臨終正念《りんじゅうしょうねん》〈注4〉の死《し》は、次《つぎ》の大《おお》いなる希望《きぼう》の生《せい》への出発《しゅっぱつ》となるのです。

永遠《えいえん》の成仏《じょうぶつ》の軌道《きどう》に入《はい》る

「また、次《つぎ》も広宣流布の使命《しめい》の人生を」と願《ねが》って亡《な》くなることは、妙法とともに悔《く》いなき人生を生き抜《ぬ》き、三世永遠《さんぜえいえん》に仏《ほとけ》の生命《せいめい》と一体《いったい》の凱歌《がいか》の境涯《きょうがい》を開《ひら》いていく証《あかし》ともいえないでしょうか。現実《げんじつ》に、私たちは、そうした、次《つぎ》の生への決意《けつい》を披歴《ひれき》する、生き生きとした同志《どうし》の姿《すがた》を数限《かずかぎ》りなく見つめてきました。学会員は、長年《ながねん》の信仰《しんこう》の積《つ》み重《かさ》ねで、知《し》らず知《し》らずのうちに生命《せいめい》を磨《みが》き、三世《さんぜ》にわたる常楽我浄《じょうらくがじょう》の軌道《きどう》に入《はい》っているのです。

「自身法性《じしんほっしょう》の大地《だいち》を生死生死《しょうじしょうじ》と転《めぐ》ぐり行《ゆ》くなり」（全七二四ジペー・新一〇一〇ジペー）です。私たちは、自身《じしん》の「法性《ほっしょう》の大地《だいち》」、すなわち「仏界《ぶっかい》の大地《だいち》」の上を、生《せい》も死《し》も悠然《ゆうぜん》とめぐりゆくことができる。

誰《だれ》もが、黄金《おうごん》の「生死《しょうじ》の旅《たび》」を、「自受法楽《じじゅほうらく》」の境涯《きょうがい》のままに遊楽《ゆうらく》し、誓願《せいがん》の大道《だいどう》を歩《あゆ》み通《とお》すことが可能《かのう》になるのです。

妙法は生死《しょうじ》の闇《やみ》を照《て》らす太陽

もちろん、「老《ろう》」や「死《し》」の姿《すがた》は、一様《いちよう》ではありません。時光《ときみつ》の弟《おとうと》の七郎五《しちろうご》郎《ろう》は突然《とつぜん》、十六歳《さい》の若《わか》さで亡《な》くなりました。しかし、大聖人は「心は父君《ちちぎみ》と一《いっ》所《しょ》に霊山浄土《りょうぜんじょうど》に参《まい》りて」（全一五六八ジペー・新一九〇四ジペー）と仰《おお》せです。いかなる姿《すがた》であっても、信心を貫《つらぬ》いた人は、生命《せいめい》の基底部《きていぶ》には仏界《ぶっかい》が燦然《さんぜん》と輝《かがや》きわたっていくのです。

生命《せいめい》に積《つ》み上《あ》げた「心の財《たから》」は、永遠《えいえん》に壊《こわ》れません。また、絶対《ぜったい》に壊《こわ》されもしません。どんな時《とき》でも、妙法に生き抜《ぬ》く全同志《ぜんどうし》が等《ひと》しく成仏《じょうぶつ》できることは、御本仏《ごほんぶつ》がお約束《やくそく》です。

大聖人は「生死《しょうじ》の長夜《ちょうや》を照《てら》す大燈《だいとう》・元品《がんぽん》の無明《むみょう》を切《き》る利剣《りけん》は此《こ》の法門《ほうもん》に過《す》ぎざるか」（全九九一ジペー・新一三四五ジペー）と仰《おお》せです。

妙法は、生死《しょうじ》の長《なが》い闇《やみ》を照《て》らす太陽です。

妙法は、元品《がんぽん》の無明《むみょう》〈注5〉を切《き》る利剣《りけん》です。

妙法に照《て》らされた人は、死《し》の恐怖《きょうふ》に負《ま》けません。根本的《こんぽんてき》に不安《ふあん》も消《き》え去《さ》るのです。

日蓮仏法によって、「生老病死《しょうろうびょうし》」の苦悩《くのう》の人生を、「常楽我浄《じょうらくがじょう》」の歓喜《かんき》の人生へと厳然《げんぜん》と転換《てんかん》することができるのです。

御義口伝《おんぎくでん》

御文

（全七五三ジペー・新一〇五〇ジペー）

御義口伝《おんぎくでん》に云《いわ》く　如来《にょらい》とは三界《さんがい》の衆生《しゅじょう》なり此《こ》の衆生《しゅじょう》を寿量品《じゅりょうほん》の眼《まなこ》開《あ》けてみれば十界本有《じっかいほんぬ》と実《じつ》の如《ごと》く知見《ちけん》せり、三界之相《さんがいしそう》とは生老病死《しょうろうびょうし》なり本有《ほんぬ》の生死《しょうじ》とみれば無有生死《むうしょうじ》なり生死無《しょうじな》ければ退出《たいしゅつ》も無《な》し　唯《ただ》　生死無《しょうじな》きに非《あら》ざるなり、生死《しょうじ》を見《み》て厭離《えんり》するを迷《まよい》と云《い》い始覚《しかく》と云《い》うなり　さて本有《ほんぬ》の生死《しょうじ》と知見《ちけん》するを悟《さとり》と云《い》い本覚《ほんがく》と云《い》うなり、今日蓮等《いまにちれんら》の類《たぐ》い南無妙法蓮華経と唱《とな》え奉《たてまつ》る時《とき》　本有《ほんぬ》の生死本有《しょうじほんぬ》の退出《たいしゅつ》と開覚《かいかく》するなり、又云《またいわ》く無《む》も有《う》も生《せい》も死《し》も若退《にゃくたい》も若出《にゃくしゅつ》も在世《ざいせ》も滅後《めつご》も悉《ことごと》く皆《みな》　本有常住《ほんぬじょうじゅう》の振《ふる》舞《まい》なり

現代語訳

（寿量品《じゅりょうほん》の「如来《にょらい》は如実《にょじつ》に三界《さんがい》の相《そう》を知見《ちけん》するに、生死《しょうじ》の若《も》しは退《たい》、若《も》しは出有《しゅつあ》ること無《な》く、亦在世《またざいせ》及《およ》び滅度《めつど》の者無《ものな》く」の経文《きょうもん》について）「御義口伝《おんぎくでん》」には、次《つぎ》のように仰《おお》せである。

（経文《きょうもん》に説《と》かれている）「如来《にょらい》」とは、久遠実成《くおんじつじょう》の釈尊《しゃくそん》だけではなく、さらには三界《さんがい》の衆生《しゅじょう》である。

寿量品《じゅりょうほん》の眼《まなこ》を開《あ》けて、この三界《さんがい》の衆生《しゅじょう》を見れば、そのまま十界本有《じっかいほんぬ》

の当体《とうたい》である、とありのままに知見《ちけん》できるのである。

（また、経文《きょうもん》にある、如来《にょらい》が知見《ちけん》している）「三界之相《さんがいしそう》」とは、生老病死《しょうろうびょうし》である。それを本有《ほんぬ》の生死《しょうじ》と見れば、「無有生死《むうしょうじ》（生死《しょうじ》が有《あ》るということは無《な》い）」なのである。（「無有生死《むうしょうじ》、若退若出《にゃくたいにゃくしゅつ》」と経文《きょうもん》にあるが）生死《しょうじ》が無《な》ければ退出《たいしゅつ》も無《な》いのである。ただ生死《しょうじ》が無《な》いということではない。生死《しょうじ》を見て、厭《いと》い離《はな》れようとすることを迷《まよ》いといい、始覚《しかく》というのである。そのままで本有《ほんぬ》の生死《しょうじ》と知見《ちけん》することを悟《さと》りといい、本覚《ほんがく》というのである。

今《いま》、日蓮及《およ》びその門下《もんか》が南無妙法蓮華経と唱《とな》え奉《たてまつ》る時《とき》、本有《ほんぬ》の生《しょう》死《じ》、本有《ほんぬ》の退出《たいしゅつ》と開覚《かいかく》するのである。

（また「無有生死《むうしょうじ》、若退若出《にゃくたいにゃくしゅつ》、亦無在世及滅度者《やくむざいせぎゅうめつどしゃ》〈生死《しょうじ》の若《も》しは退《たい》、若《も》しは出有《しゅつあ》ること無《な》く、亦在世《またざいせ》及《およ》び滅度《めつど》の者《もの》無《な》く〉」の文《もん》は、次《つぎ》のようにも読《よ》むことができるのである）「無《む》」も「有《う》」も、「生《せい》」も「死《し》」も、「若退《にゃくたい》」も「若《にゃく》出《しゅっ》」も、「在世《ざいせ》」も「滅後《めつご》」も、ことごとく皆《みな》、本有常住《ほんぬじょうじゅう》の妙法の振《ふ》る舞《ま》いである、と。

如来《にょらい》とは現実社会《げんじつしゃかい》に生きる衆生《しゅじょう》

生命《せいめい》は永遠《えいえん》であり、「本有《ほんぬ》の生死《しょうじ》」「本有《ほんぬ》の退出《たいしゅつ》」であることを説《と》かれている「御義口伝《おんぎくでん》」の御文《ごもん》です〈注6〉。

まず「如来《にょらい》とは三界《さんがい》の衆生《しゅじょう》なり此《こ》の衆生《しゅじょう》を寿量品《じゅりょうほん》の眼《まなこ》開《あ》けてみれば十界本有《じっかいほんぬ》と実《じつ》の如《ごと》く知見《ちけん》せり」とあります。

仏《ほとけ》とは、教主釈尊《きょうしゅしゃくそん》だけでなく、三界《さんがい》という現実社会《げんじつしゃかい》に生きる衆生《しゅじょう》のことである。それは、寿量品《じゅりょうほん》に説《と》かれる久遠《くおん》の仏《ほとけ》の眼《まなこ》から見た時《とき》、一切衆生《いっさいしゅじょう》にも十界《じっかい》の生命《せいめい》が本来《ほんらい》、具《そな》わっていると知見《ちけん》できるからであると示《しめ》されています。

ここで「本有《ほんぬ》」とありますが、これは「本来的《ほんらいてき》に有《あ》ること」「もともと存在《そんざい》していること」です。すなわち一切衆生《いっさいしゅじょう》には、本来的《ほんらいてき》に十界《じっかい》の生命《せいめい》が、つまり仏界《ぶっかい》の生命《せいめい》が具《そな》わっているということです。衆生《しゅじょう》は皆《みな》、一念三千《いちねんさんぜん》の妙法の当体《とうたい》なのです。

生《せい》も死《し》も、妙法が現《あらわ》す変化《へんか》の相《そう》

次《つぎ》に「三界之相《さんがいしそう》とは生老病死《しょうろうびょうし》なり」とあるように、この現実世界《げんじつせかい》にあっては、誰人《たれびと》であったとしても「生老病死《しょうろうびょうし》」から免《まぬか》れることはできません。

しかし、「本有《ほんぬ》の生死《しょうじ》とみれば無有生死《むうしょうじ》なり生死《しょうじ》無《な》ければ退出《たいしゅつ》も無《な》し唯生死《ただしょうじ》無《な》きに非《あら》ざるなり」と述《の》べられているように、仏法の三世《さんぜ》の生命観《せいめいかん》から見る時《とき》、「生《せい》」も「死《し》」も、生命《せいめい》に本然的《ほんねんてき》に具《そな》わった現象《げんしょう》です。「生死《しょうじ》」は妙法が現《あらわ》す変化《へんか》の相《そう》であり、死《し》によって一切《いっさい》が終《お》わるわけではない、ということです。

戸田先生は、一つの譬《たと》えとして、「われわれの生命《せいめい》は、死後《しご》、大宇宙《だいうちゅう》に溶《と》け込《こ》むんだ」とよく言《い》われていました。

「断見《だんけん》」と「常見《じょうけん》」を超《こ》える智慧《ちえ》

「有《う》」と「無《む》」の二元論《にげんろん》に終始《しゅうし》すれば、いわゆる「断見《だんけん》」や「常見《じょうけん》」〈注7〉の域《いき》から出られなくなります。「断見《だんけん》」とは、死《し》によって一切《いっさい》が滅《ほろ》びるとする考《かんが》え方《かた》です。一方《いっぽう》、「常見《じょうけん》」とは、肉体《にくたい》と別《べつ》の霊魂《れいこん》のようなものがあって、それが続《つづ》くという考《かんが》え方《かた》です。

これに対《たい》して、本来《ほんらい》、生命《せいめい》は「常住《じょうじゅう》」であり、「生《せい》」と「死《し》」は、その一側《いちそく》面《めん》と捉《とら》えていくのが仏法の深《ふか》い眼《まなこ》です。

すなわち、ある時《とき》は、冥伏《みょうぶく》して「死《し》」の状態《じょうたい》として潜在化《せんざいか》し、またある時《とき》は現実世界《げんじつせかい》に「生《せい》」の状態《じょうたい》として顕在化《けんざいか》する。

生命《せいめい》は、大海《たいかい》から生まれた波《なみ》にも譬《たと》えることができるでしょう。波《なみ》が起《お》これば「生《せい》」、大海《たいかい》に戻《もど》って一つとなれば「死《し》」です。

始《はじ》めもなければ終《お》わりもなく、永遠《えいえん》に、これを繰《く》り返《かえ》していくのです。

「本有《ほんぬ》の生死《しょうじ》」と知見《ちけん》

御文《ごもん》では「生死《しょうじ》を見《み》て厭離《えんり》するを迷《まよい》と云《い》い始覚《しかく》と云《い》うなりさて本有《ほんぬ》の生死《しょうじ》と知見《ちけん》するを悟《さとり》と云《い》い本覚《ほんがく》と云《い》うなり」と仰《おお》せです。「本有《ほんぬ》の生死《しょうじ》」とは、永遠《えいえん》の生命《せいめい》に本然的《ほんねんてき》に具《そな》わっている生死《しょうじ》のことです。この三世永遠《さんぜえいえん》の生命観《せいめいかん》に立脚《りっきゃく》した時《とき》に、死《し》を忌《い》み嫌《きら》い、恐《おそ》れる必要《ひつよう》などないのです。

それと同時《どうじ》に、この仏法《ぶっぽう》の英知《えいち》は〝死《し》を忘《わす》れた〟といわれる現代文明《げんだいぶんめい》に、生《しょう》死不二《じふに》という本源的《ほんげんてき》な生命観《せいめいかん》を力強《ちからづよ》く提示《ていじ》するものです。

今世《こんぜ》で仏界《ぶっかい》を固《かた》め切《き》る

私たちにとってみれば、「本有《ほんぬ》の生死《しょうじ》」とは、妙法とともに生き、妙法とともに死《し》すことにほかなりません。それが「本有常住《ほんぬじょうじゅう》の振舞《ふるまい》」なのです。

どう生きて、どう死《し》を迎《むか》えるか。毅然《きぜん》と悠々《ゆうゆう》と振《ふ》る舞《ま》う揺《ゆ》るぎない境地《きょうち》を、万人《ばんにん》が会得《えとく》するための日蓮仏法です。「本有《ほんぬ》の生死《しょうじ》」だからこそ、今世《こんぜ》で仏界《ぶっかい》を固《かた》め切《き》るために、最後《さいご》の最後《さいご》まで戦《たたか》い抜《ぬ》くのです。

創価の先師《せんし》・牧口常三郎《つねさぶろう》先生は、戦時中《せんじちゅう》の軍部政府《ぐんぶせいふ》の弾圧《だんあつ》と対峙《たいじ》し投獄《とうごく》されながら、不惜《ふしゃく》の信仰《しんこう》を貫《つらぬ》き、殉教《じゅんきょう》されました。しかしながら、この崇高《すうこう》なる創価の父《ちち》から始《はじ》まった広宣流布の大闘争《だいとうそう》は、今《いま》や世界《せかい》百九十二カ国・地域《ちいき》へと広《ひろ》がりました。

妙法の師弟《してい》は三世《さんぜ》永遠《えいえん》の絆《きずな》

広宣流布への「大願《だいがん》」と「戦《たたか》う心」とを師匠《ししょう》から弟子《でし》へと継承《けいしょう》する。この師《し》弟不二《ていふに》の生き方の中に、仏《ほとけ》と同《おな》じ常楽我浄《じょうらくがじょう》の境涯《きょうがい》が開《ひら》かれます。これが、万人《ばんにん》に開《ひら》かれた「仏界《ぶっかい》の生死《しょうじ》」〈注8〉であり、「本有《ほんぬ》の生死《しょうじ》」です。

「在在諸仏土《ざいざいしょぶつど》　常与師倶生《じょうよしぐしょう》」〈注9〉とある通《とお》り、妙法の師弟《してい》は永遠《えいえん》に一緒《いっしょ》に生き、共《とも》に菩薩《ぼさつ》の実践《じっせん》を続《つづ》けゆくのです。これに勝《まさ》る最極《さいごく》の生命《せいめい》の旅《たび》はありません。

人類《じんるい》の境涯《きょうがい》を高《たか》める生死観《しょうじかん》

人間は、永遠性《えいえんせい》を知《し》ることによって、自身《じしん》の境涯《きょうがい》を限《かぎ》りなく広《ひろ》げ、深《ふか》めゆくことができます。「三世常住《さんぜじょうじゅう》」の妙法を唱《とな》え行《ぎょう》ずる中で、現在《げんざい》というこの一瞬《いっしゅん》の尊《とうと》さを生命《せいめい》で実感《じっかん》できます。「今《いま》」というかけがえのない時《とき》を、永遠《えいえん》を開《ひら》く財宝《ざいほう》にすることができます。

ロシアの法華経研究《けんきゅう》の母《はは》であるヴォロビヨヴァ博士〈注10〉は論《ろん》じられています。

――技術《ぎじゅつ》の時代《じだい》、宇宙《うちゅう》の時代《じだい》を迎《むか》えても、人間の人生だけは「生老病死《しょうろうびょうし》」という変《か》わらぬ法則《ほうそく》に従《したが》って流《なが》れています。「法華経」の力《ちから》を信《しん》じている人は、どんな困難《こんなん》や苦《くる》しみも、恐《おそ》れなく乗《の》り越《こ》えていけるのです、と。

「生命《せいめい》の世紀《せいき》」の開拓者《かいたくしゃ》に

戸田先生は折々《おりおり》、「真《しん》の永遠《えいえん》の生命《せいめい》が分《わ》かれば、人類《じんるい》の境涯《きょうがい》を高《たか》めることができる」と語《かた》られていました。仏法の生死観《しょうじかん》が広《ひろ》まれば、世界《せかい》が豊《ゆた》かになります。私たち一人一人《ひとりひとり》が、その生命境涯《せいめいきょうがい》の開拓者《かいたくしゃ》として、人々を四苦《しく》から解放《かいほう》する先駆《せんく》の役割《やくわり》を担《にな》っているのです。

三世《さんぜ》の宿縁《しゅくえん》で結《むす》ばれた私たち地涌《じゆ》の勇者《ゆうしゃ》の誇《ほこ》り高き使命《しめい》が、ますます重大《じゅうだい》な輝《かがや》きを放《はな》つ時代《じだい》を迎《むか》えました。

一人一人《ひとりひとり》が思《おも》う存分《ぞんぶん》に乱舞《らんぶ》し、「生《せい》も歓喜《かんき》、死《し》も歓喜《かんき》」の体現者《たいげんしゃ》となって地球社会《ちきゅうしゃかい》を照《て》らしゆく――いよいよ「生命《せいめい》の世紀《せいき》」を我《われ》らが創造《そうぞう》していくのです。

［注　解］

〈注1〉【トインビー博士】一八八九年～一九七五年。アーノルド・J・トインビー。イギリスの歴史学者《れきしがくしゃ》・文明史家《ぶんめいしか》。ロンドン大学、王立国際問題研究所《こくさいもんだいけんきゅうじょ》の要職《ようしょく》を歴任《れきにん》。代表作《だいひょうさく》『歴史《れきし》の研究《けんきゅう》』は各界《かっかい》に大きな影響《えいきょう》を与《あた》えた。池田先生との対談集《たいだんしゅう》『二十一世紀《せいき》への対話《たいわ》』（『池田大作全集』第3巻所収）は、人類《じんるい》に貴重《きちょう》な展望《てんぼう》を与《あた》えるものとして、今《いま》も大きな反響《はんきょう》を広《ひろ》げている。

〈注2〉【本有《ほんぬ》の生死《しょうじ》】「本有《ほんぬ》」とは、生命本来《せいめいほんらい》のありのままのこと。「本有《ほんぬ》の生死《しょうじ》」とは、あらゆる生命《せいめい》に本来的《ほんらいてき》に具《そな》わっている生死《しょうじ》。

〈注3〉【生死不二《しょうじふに》】生命《せいめい》は永遠《えいえん》であり、生《せい》と死《し》は二つの全《まった》く異《こと》なる様相《ようそう》ではあるものの一体《いったい》で分《わ》かちがたいこと。

〈注4〉【臨終正念《りんじゅうしょうねん》】仏道《ぶつどう》を歩《あゆ》み続《つづ》け成仏《じょうぶつ》を確信《かくしん》し、大満足《だいまんぞく》の心で臨終《りんじゅう》を迎《むか》えること。

〈注5〉【元品《がんぽん》の無明《むみょう》】生命《せいめい》の根源的《こんげんてき》な無知《むち》。究極《きゅうきょく》の真実《しんじつ》を明《あ》かした妙法を信《しん》じられず理解《りかい》できない癡《おろ》かさ。また、その無知《むち》から起《お》こる暗《くら》い衝動《しょうどう》。

〈注6〉ここで拝《はい》する「御義口伝《おんぎくでん》」の御文《ごもん》は、「寿量品廿七箇《じゅりょうほんにじゅうななか》の大事《だいじ》」のうち「第四　如来如実知《にょらいにょじっち》見《けん》三《さん》界《がい》之《し》相《そう》無《む》有《う》生《しょう》死《じ》」について講義《こうぎ》された一節《いっせつ》。

〈注7〉【断見《だんけん》　常見《じょうけん》】断見《だんけん》とは、生命《せいめい》は永遠《えいえん》ではなく、死《し》ねば完全《かんぜん》に消滅《しょうめつ》してしまうという見《けん》解《かい》。常見《じょうけん》とは、死《し》んでも永遠《えいえん》に不滅《ふめつ》で不変《ふへん》の霊魂《れいこん》が続《つづ》くという見解《けんかい》。釈尊《しゃくそん》はいずれも偏《かたよ》った見解《けんかい》であると退《しりぞ》け、これらを離《はな》れたところに真実《しんじつ》の歩《あゆ》むべき中道《ちゅうどう》の真理《しんり》があると説《と》いた。

〈注8〉【仏界《ぶっかい》の生死《しょうじ》】自身《じしん》が宇宙《うちゅう》と生命《せいめい》を貫《つらぬ》く妙法蓮華経の当体《とうたい》であり、自身《じしん》の生死《しょうじ》は妙法蓮華経の生死《しょうじ》であると覚知《かくち》し、大宇宙《だいうちゅう》に具《そな》わる大慈悲《だいじひ》と生命力《せいめいりょく》を体現《たいげん》して万人救済《ばんにんきゅうさい》という仏《ほとけ》の振《ふ》る舞《ま》いを行《おこな》いながら生《せい》と死《し》を自在《じざい》に転《てん》じていくこと。

〈注9〉【在在諸仏土《ざいざいしょぶつど》　常与師倶生《じょうよしぐしょう》】「倶生」は「くしょう」とも読《よ》む。法華経化城喩品《けじょうゆほん》第《だい》七には、「在在《いたるところ》の諸仏《しょぶつ》の土《ど》に　常《つね》に師《し》と倶《とも》に生《しょう》ず」（法華経三一七ページ）とある。師匠《ししょう》と弟子《でし》は、下種《げしゅ》の結縁《けちえん》によって、あらゆる仏国土《ぶっこくど》にあって、いつも一緒《いっしょ》に生《う》まれるということ。

〈注10〉【ヴォロビヨヴァ博士】一九三三年〜。マルガリータ・ヴォロビヨヴァ＝デシャトフスカヤ。ロシア科学《かがく》アカデミー・東洋古文書研究所《とうようこもんじょけんきゅうじょ》（前東洋学研究所《ぜんとうようがくけんきゅうじょ》サンクトペテルブルク支《し》部《ぶ》）に所属《しょぞく》する法華経写本研究《しゃほんけんきゅう》の世界的権威《せかいてきけんい》。

「功徳《くどく》とは六根清浄《ろっこんしょうじょう》」――朗《ほが》らかな「健康《けんこう》の人生」へ

かつて、一九五〇年（昭和二十五年）の秋、師《し》・戸田城聖《じょうせい》先生と二人で、事業《じぎょう》の苦境《くきょう》の打開《だかい》に奔走《ほんそう》する渦中《かちゅう》に私は日記《にっき》に留《とど》めました。

「一日一日、人間革命の日々である。

一日一日、新進《しんしん》の日であれ」と。

いかなる試練《しれん》にも、日に日に、新《あら》たなる生命力《せいめいりょく》で不屈《ふくつ》の負《ま》けじ魂《だましい》に生き抜《ぬ》き、幸福勝利《こうふくしょうり》へと転《てん》じていける究極《きゅうきょく》の希望《きぼう》の哲理《てつり》。これこそが、恩師《おんし》から学んだ「人間革命」の仏法なのです。

「色心《しきしん》の留難《るなん》を止《とど》むる秘術《ひじゅつ》」

日蓮大聖人は、「真実一切衆生《しんじついっさいしゅじょう》・色心《しきしん》の留難《るなん》を止《とど》むる秘術《ひじゅつ》は唯《ただ》南無妙法蓮華経なり」（全一一七〇ページ・新一五九八ページ）と仰《おお》せです。

南無妙法蓮華経の大法《だいほう》は、一切衆生《いっさいしゅじょう》の色心《しきしん》にわたる苦難《くなん》を必《かなら》ず打開《だかい》できる根《こん》源《げん》の法則《ほうそく》です。師子吼《ししく》の題目を唱《とな》え、大生命力《だいせいめいりょく》を発揮《はっき》していく人生に行き詰《づ》まりはありません。

「法華経《ほけきょう》を持《たも》つ者《もの》は必《かなら》ず成仏《じょうぶつ》し候《そうろう》」（全九二五ページ・新一二四六ページ）とは、御本仏《ごほんぶつ》の絶対《ぜったい》のお約束《やくそく》です。

「健康長寿《けんこうちょうじゅ》の信心」を

「健康第一《けんこうだいいち》」で一生を勝《か》ち進《すす》むことは、誰人《たれびと》にとっても、最重要《さいじゅうよう》のテーマです。とりわけ「健康長寿《けんこうちょうじゅ》の信心」は、私たち創価家族《かぞく》が掲《かか》げる永遠《えいえん》の指針《ししん》の一っです。

一九七五年（昭和五十年）の九月十五日、私はドクター部の総会《そうかい》に出席《しゅっせき》しました。皆《みな》が民衆《みんしゅう》を守《まも》る妙法の名医《めいい》にと、の期待《きたい》を寄《よ》せつつ、御書を拝《はい》し、「身《み》の病《やまい》」と「心の病《やまい》」を皆《みな》と共《とも》に考察《こうさつ》しました〈注1〉。この九月十五日は、後《のち》に「ドクター部の日」と制定《せいてい》されています。

貪瞋癡《とんじんち》の「心の病《やまい》」を治《なお》す妙法

御書で示《しめ》される「身《み》の病《やまい》」には、肉体《にくたい》の病《やまい》や、今日《こんにち》でいう精神疾患《せいしんしっかん》も含《ふく》まれるでしょう。

これに対《たい》して御書《ごしょ》で説《と》かれる「心の病《やまい》」とは、貪瞋癡《とんじんち》〈注2〉から生《しょう》ずる生《せい》命《めい》の無明《むみょう》〈注3〉ゆえの病《やまい》のことです。この「心の病《やまい》」「生命《せいめい》の病《やまい》」をも治《なお》していけるのが仏法であり、その最高《さいこう》の良薬《りょうやく》が南無妙法蓮華経なのです。

その意味《いみ》で、医学《いがく》という慈悲《じひ》の学問《がくもん》を修《おさ》めるとともに、妙法を持《たも》ち唱《とな》えて、生命変革《せいめいへんかく》の宝剣《ほうけん》を握《にぎ》るドクター部の使命《しめい》がいかに大きいか。

世界《せかい》で感染症《かんせんしょう》が拡大《かくだい》するなか、ドクター部ならびに白樺会《しらかばかい》・白樺《しらかば》グループをはじめ医療従事者《いりょうじゅうじしゃ》の皆《みな》さん方《がた》が、昼夜《ちゅうや》を分《わ》かたず、献身的《けんしんてき》な尽力《じんりょく》を重《かさ》ねてくださっていることに感謝《かんしゃ》は尽《つ》きません。創価の薬王菩薩《やくおうぼさつ》たる、かけがえのない皆《みな》さん一人《ひとり》一人の健康《けんこう》と無事安穏《ぶじあんのん》を日々、妻《つま》と真剣《しんけん》に祈《いの》っております。

「生命《せいめい》の健康《けんこう》」を勝《か》ち開《ひら》く信仰《しんこう》

ドクター部の友《とも》とは、疾病《しっぺい》の治療《ちりょう》という〝守《まも》りの医術《いじゅつ》〟にとどまらず、心身《しんしん》両面《りょうめん》から病気《びょうき》を予防《よぼう》し、健康《けんこう》を増進《ぞうしん》する〝攻《せ》めの医学《いがく》〟を、とも語《かた》り合《あ》いました。「生命《せいめい》の尊厳《そんげん》」「人間への尊敬《そんけい》」を基盤《きばん》とした健康社会構築《けんこうしゃかいこうちく》へのビジョンです。「健康第一《けんこうだいいち》の人生」が根本《こんぽん》です。

ここでは、「生命《せいめい》の健康《けんこう》」を勝《か》ち開《ひら》く信仰《しんこう》について学びます。

太田《おおた》左衛門尉《さえもんのじょう》御返事《ごへんじ》

御文

（全一〇一五ページ・新一三七二ページ）

然《しか》るに法華経《ほけきょう》と申《もう》す御経《おんきょう》は身心《しんしん》の諸病《しょびょう》の良薬《ろうやく》なり、されば経《きょう》に云《いわ》く「此《こ》の経《きょう》は則《すなわ》ち為《これ》閻浮提《えんぶだい》の人《ひと》の病《やまい》の良薬《ろうやく》なり若《も》し人《ひと》病有《やまいあ》らんに是《こ》の経《きょう》を聞《き》くことを得《え》ば病即消滅《びょうそくしょうめつ》して不老不死《ふろうふし》ならん」等云云《とううんぬん》、又云《またいわ》く「現世《げんぜ》は安穏《あんのん》にして後生《ごしょう》には善処《ぜんしょ》ならん」等云云《とううんぬん》、又云《またいわ》く「諸余《しょよ》の怨敵《おんてき》皆《みな》悉《ことごと》く摧滅《さいめつ》せん」等云云《とううんぬん》、取分奉《とりわけたてまつ》る御守《おんまも》り方便品寿量品《ほうべんぼんじゅりょうほん》同じくは一部《いちぶ》書きて進《まい》らせ度候《たびそうら》へども当時《とうじ》は去《さ》り難《がた》き隙《ひま》ども入《い》る事候《ことそうら》へば略《りゃく》して二品奉《にほんたてまつ》り候《そうろう》、相構《あいかま》え、相構《あいかま》えて御身《おんみ》を離《はな》さず重《かさ》ねつつ《包》みて御所持《ごしょじ》有《あ》る

べき者《もの》なり

現代語訳

そうではあるが法華経という御経《おんきょう》は身《み》と心の諸々《もろもろ》の病《やまい》の良薬《りょうやく》である。

だから法華経に「この経《きょう》はすなわち全世界《ぜんせかい》の人の病《やまい》の良薬《りょうやく》である。もし病《やまい》であっても、この経《きょう》を聞《き》くことができれば、病《やまい》はすぐに治《なお》って不老不死《ふろうふし》になろう」（薬王品第二十三《やくおうぼんだい》）等《とう》とある。また「現世《げんぜ》は安穏《あんのん》であって死《し》んだ後《あと》には善《よ》い処《ところ》に生まれるであろう」（薬草喩品第五《やくそうゆほんだい》）等《とう》とある。また「諸《もろもろ》のほかの怨敵《おんてき》は皆《みな》、悉《ことごと》く摧《くだ》き滅《ほろ》ぼすであろう」（薬王《やくおう》品第二十三《ぼんだい》）等《とう》とある。

法華経の中から選《え》り分《わ》け、御守《おまも》りとして方便品《ほうべんぼん》・寿量品《じゅりょうほん》を書《か》いて差《さ》し上《あ》げます。同《おな》じことなら法華経一部《ぶ》をすべて書《か》いて差《さ》し上《あ》げたいと思《おも》ったが、今《いま》はどうしても時間《じかん》がないので、略《りゃく》して方便品《ほうべんぽん》・寿量品《じゅりょうほん》の二品《ほん》を差《さ》し上《あ》げることにしました。

よくよく用心《ようじん》して御身《おんみ》から離《はな》さず、重《かさ》ね包《つつ》んで所持《しょじ》していなさい。

病《やまい》と闘《たたか》う友《とも》の〝安心《あんしん》の伴走者《ばんそうしゃ》〟に

「太田左衛門尉御返事《おおたさえもんのじょうごへんじ》」〈注4〉は、大田乗明《おおたじょうみょう》が、健康《けんこう》への不安《ふあん》を抱《かか》える胸《むね》の内《うち》をつづったお手紙《てがみ》への返信《へんしん》です。

大田乗明《おおたじょうみょう》は、当時《とうじ》の習俗《しゅうぞく》で「大厄《たいやく》」とされる五十七歳《さい》になり、正月から四月にかけて体調《たいちょう》が思《おも》わしくなく、不安《ふあん》な思《おも》いをしていたようです。

大聖人はまず、「身心《しんしん》に諸病相続《しょびょうそうぞく》して五体《ごたい》に苦労《くろう》ある」との乗明《じょうみょう》の心配《しんぱい》に対《たい》して、「此《こ》の事最第一《ことさいだいいち》の歎《なげ》き」であると、不安《ふあん》に寄《よ》り添《そ》われます（全一〇一四ジペー・新一三七一ジペー）。師匠《ししょう》がこまやかに同苦《どうく》してくださるこの一言《ひとこと》に、どれほど心が軽《かる》くなったことでしょうか。

「生《しょう》」「老《ろう》」「病《びょう》」「死《し》」は、誰人《たれびと》も免《まぬか》れることはできません。病《やまい》はもとより、苦難《くなん》の只中《ただなか》に置《お》かれた人は、どれほど心細《こころぼそ》いか。だからこそ、大聖人のお振《ふ》る舞《ま》いを拝《はい》し、そうした友《とも》に心から題目を送《おく》り、励《はげ》ましていくのです。共《とも》に祈《いの》る創価の同志《どうし》の存在《そんざい》は〝安心《あんしん》の伴走者《ばんそうしゃ》〟でもあるのです。

抜苦与楽《ばっくよらく》こそ宿命転換《しゅくめいてんかん》の第一歩《だいいっぽ》

大聖人は、「厄《やく》の年災難《としさいなん》を払《はら》はん秘法《ひほう》には法華経に過《す》ぎずたのもしきかな・たのもしきかな」（全一〇一七ジペー・新一三七五ジペー）、「当年《とうねん》の大厄《たいやく》をば日蓮に任《まか》せ給《たま》へ」（同）と仰《おお》せです。

門下《もんか》が抱《いだ》いていた、厄年《やくどし》や病《やまい》への不安《ふあん》や怯《おび》えを打《う》ち払《はら》い、息災延命《そくさいえんめい》の大確信《だいかくしん》を打《う》ち込《こ》まれたのです。

もともと、厄年《やくどし》とは、仏教《ぶっきょう》の教義《きょうぎ》にはなく、日本独自《どくじ》の風習《ふうしゅう》からくるものです。しかし、大聖人は「四悉檀《ししつだん》」〈注5〉や「随方毘尼《ずいほうびに》」〈注6〉の原理《げんり》から、それを否定《ひてい》されることなく、より一層《いっそう》の信心に励《はげ》む契機《けいき》とするように包《つつ》み込《こ》まれます。本抄《ほんしょう》でも「予《よ》が法門《ほうもん》は四悉檀《ししつだん》を心に懸《か》けて申《もう》すならば強《あなが》ちに成仏《じょうぶつ》の理《ことわり》に違《たが》わざれば且《しば》らく世間普通《せけんふつう》の義《ぎ》を用《もち》ゆべきか」（全一〇一五ページ・新一三七二ページ）と仰《おお》せです。また、女性《じょせい》として三十三歳《さい》の厄年《やくどし》を案《あん》じていた日眼女《にちげんにょ》には、「三十三《さんじゅうさん》のやく《厄》は転《てん》じて三十三《さんじゅうさん》のさい《幸》はひとならせ給《たも》うべし」（全一一三五ページ・新一五四三ページ）、「年《とし》は・わかう《若》なり福《ふく》はかさなり候《そうろう》べし」（同）と激励《げきれい》されています。

どこまでも、抜苦与楽《ばっくよらく》〈注7〉の希望《きぼう》と勇気《ゆうき》の対話《たいわ》で、悩《なや》める友《とも》の仏性《ぶっしょう》を目覚《めざ》めさせるのが日蓮仏法です。生命《せいめい》を蘇生《そせい》させ、変毒為薬《へんどくいやく》し、人間革命の第一歩《だいいっぽ》を踏《ふ》み出《だ》せるように真心《まごころ》を尽《つ》くすのです。

私たちは、病気《びょうき》や苦難《くなん》との闘《たたか》いの中で、苦労《くろう》した分《ぶん》、自《みずか》らの境涯《きょうがい》を開《ひら》き、若々《わかわか》しく福運《ふくうん》に輝《かがや》く「生命《せいめい》の健康《けんこう》」を必《かなら》ず勝《か》ち取《と》っていくことができるのです。

法華経は身心《しんしん》の諸病《しょびょう》の良薬《りょうやく》

拝読御文《はいどくごもん》に戻《もど》れば、「法華経《ほけきょう》と申《もう》す御経《おんきょう》は身心《しんしん》の諸病《しょびょう》の良薬《ろうやく》なり」と、病《やまい》などの身心《しんしん》の不調《ふちょう》からくる苦悩《くのう》を克服《こくふく》する、最高《さいこう》の良薬《りょうやく》が妙法であると教《おし》えられています。

それは、妙法こそが仏《ほとけ》の生命力《せいめいりょく》を涌現《ゆげん》する根本法《こんぽんほう》だからです。

本抄《ほんしょう》では、妙法の功徳《くどく》と力用《りきゆう》を、経文《きょうもん》を引《ひ》いて教《おし》えられています。まず、「病即消滅《びょうそくしょうめつ》して不老不死《ふろうふし》ならん」と、法華経で病《やまい》をたちまち治《なお》すことができると断言《だんげん》されています。

「病《やまい》が消滅《しょうめつ》する」とは、仏法の眼《まなこ》で見るならば、生きる気力《きりょく》を失《うしな》わせる「病《びょう》魔《ま》」が消滅《しょうめつ》するということです。

「不老不死《ふろうふし》」とは、もちろん、「死《し》なない」「老《お》いない」ということではありません。自身《じしん》の仏《ほとけ》の生命《せいめい》が老苦《ろうく》・死苦《しく》に侵《おか》されないことです。人生の年輪《ねんりん》とともに、ますます生《い》き生《い》きと、信心の炎《ほのお》が燃《も》えさかり、荘厳《そうごん》な総仕上《そうしあ》げができるということです。

そして、「現世《げんぜ》は安穏《あんのん》にして後生《ごしょう》には善処《ぜんしょ》ならん」と、広布に生き抜《ぬ》く生命《せいめい》は、今世《こんぜ》だけでなく、来世《らいせ》、そして三世永遠《さんぜえいえん》に福徳《ふくとく》にあふれた軌道《きどう》を闊歩《かっぽ》できるのです。

さらに、「諸余《しょよ》の怨敵皆《おんてきみな》悉《ことごと》く摧滅《さいめつ》せん」と、幸福《こうふく》を阻《はば》む一切《いっさい》の敵《てき》、魔《ま》を打《う》ち破《やぶ》っていけると仰《おお》せです。題目の師子吼《ししく》によって、生きゆく力《ちから》が満々《まんまん》と漲《みなぎ》り、障魔《しょうま》が退散《たいさん》するのです。

ここで大事《だいじ》なことは、「是《こ》の経《きょう》を聞《き》くことを得《え》ば」です。この「聞《き》く」とは、単《たん》に耳に触《ふ》れるという意味《いみ》ではありません。

それは何《なに》より妙法を信受《しんじゅ》し、生命《せいめい》に刻《きざ》むことです。そして、どこまでも御本尊への無二《むに》の信《しん》に立って、自行化他《じぎょうけた》の唱題に励《はげ》み、自《みずか》らが「是好良薬《ぜこうろうやく》」たる題目の大音声《だいおんじょう》を聞《き》き、また皆《みな》にも聞《き》かせることで、妙法の偉大《いだい》な功力《くりき》が滾々《こんこん》と現《あらわ》れるのです。

御本尊を抱《だ》きしめて生き抜《ぬ》け

大聖人は〝方便品《ほうべんぼん》・寿量品《じゅりょうほん》を書《か》いて送《おく》るので、肌身離《はだみはな》さず大事《だいじ》にしなさい〟と仰《おお》せです。

本抄《ほんしょう》では、「此《こ》の（＝寿量品《じゅりょうほん》の久遠実成《くおんじつじょう》の）一念三千《いちねんさんぜん》の宝珠《ほうしゅ》をば妙法五字《みょうほうごじ》の金剛《こんごう》不壊《ふえ》の袋《ふくろ》に入《い》れて末代貧窮《まつだいびんぐ》の我等衆生《われらしゅじょう》の為《ため》に残《のこ》し置《お》かせ給《たま》いしなり」（全一〇一六ジペー・新一三七四ジペー）と仰《おお》せられ、末法《まっぽう》の民衆《みんしゅう》を救《すく》う南無妙法蓮華経が寿量品《じゅりょうほん》の文《もん》に秘《ひ》められていることが明《あ》かされます。

方便品《ほうべんぼん》・寿量品《じゅりょうほん》を読誦《どくじゅ》する私たちの勤行・唱題は、まさしく妙法を肌身離《はだみはな》さず大切《たいせつ》にしていくことにほかなりません。

題目を唱《とな》え抜《ぬ》いている人は、常《つね》に三世十方《さんぜじっぽう》の仏《ほとけ》や菩薩《ぼさつ》、さらに無量無辺《むりょうむへん》の諸《しょ》天善神《てんぜんじん》と一緒《いっしょ》です。ゆえに「法華経《ほけきょう》の持者《じしゃ》は教主釈尊《きょうしゅしゃくそん》の御子《みこ》なれば争《いかで》か梵天《ぼんてん》・帝釈《たいしゃく》・日月《にちがつ》・衆星《しゅせい》も昼夜《ちゅうや》・朝暮《ちょうぼ》に守《まも》らせ給《たま》はざるべきや」（全一〇一七ジペー・新一三七五ジペー）と仰《おお》せの通《とお》り、厳然《げんぜん》と守護《しゅご》されるのです。

苦《くる》しい時《とき》も楽《たの》しい時《とき》も、善《よ》きにつけ悪《あ》しきにつけ、何《なに》があっても、ただひたすら、御本尊を抱《だ》きしめるように祈《いの》っていく。妙法とともに生きて、生きて、生き抜《ぬ》くのです。

「信《しん》の一字《いちじ》を詮《せん》と為《な》す」

祈《いの》りは、「信《しん》の一字《いちじ》を詮《せん》と為《な》す」（全三三九ジペー・新二六六ジペー）です。

戸田先生は語《かた》られていました。

「絶対《ぜったい》に功徳《くどく》あるものとの信念《しんねん》を、少《すこ》しなりともゆるがせにしてはならない。また、大信力《だいしんりき》があったとしても、これを行《ぎょう》ずる力《ちから》なくては、仏力《ぶつりき》・法力《ほうりき》は現前《げんぜん》しない。大信力《だいしんりき》あって、唱題に、折伏《しゃくぶく》に、大行力《だいぎょうりき》を行《ぎょう》ずるならば、仏力《ぶつりき》・

法力《ほうりき》の現《あらわ》れぬということは絶対《ぜったい》にありえない」

祈《いの》りは戦《たたか》いです。疑《うたが》い、実践《じっせん》もしなければ、仏《ほとけ》の偉大《いだい》な力《ちから》にブレーキをかけてしまいます。

祈《いの》りは勢《いきお》いです。どうか共々《ともども》に、白馬《はくば》が天空《てんくう》を駆《か》けるように、軽《かろ》やかに、すがすがしく、唱題の声《こえ》を響《ひび》かせ、生命力満々《せいめいりょくまんまん》と広布の活動《かつどう》に邁進《まいしん》しようではありませんか。

御義口伝《おんぎくでん》

御文

（全七六二ジペー・新一〇六二ジペー）

御義口伝《おんぎくでん》に云《いわ》く法師《ほっし》とは五種法師《ごしゅほっし》なり功徳《くどく》とは六根清浄《ろっこんしょうじょう》の果報《かほう》なり、所詮《しょせん》今日《いま》蓮等《ら》の類《たぐ》い南無妙法蓮華経と唱《とな》え奉《たてまつ》る者《もの》は六根清浄《ろっこんしょうじょう》なり、されば妙法蓮華経《みょうほうれんげきょう》の法《ほう》の師《し》と成《な》って大《おお》いなる徳有《さいわいあ》るなり、功《く》は幸《さいわい》と云《い》う事《こと》なり又《また》は悪《あく》を滅《めっ》するを功《く》と云《い》い善《ぜん》を生《しょう》ずるを徳《とく》と云《い》うなり、功徳《くどく》とは即身成仏《そくしんじょうぶつ》なり又六根清《またろっこんしょう》浄《じょう》なり、法華経《ほけきょう》の説文《せつもん》の如《ごと》く修行《しゅぎょう》するを六根清浄《ろっこんしょうじょう》と得意《こころう》可《べ》きなり云云《うんぬん》

現代語訳

「法師功徳《ほっしくどく》」について、「御義口伝《おんぎくでん》」には、次《つぎ》のように仰《おお》せである。

「法師《ほっし》」とは、五種法師《ごしゅほっし》である。「功徳《くどく》」とは、六根清浄《ろっこんしょうじょう》の果報《かほう》である。所詮《しょせん》、日蓮大聖人およびその門下《もんか》が、南無妙法蓮華経と唱《とな》え奉《たてまつ》れば、六根清浄《ろっこんしょうじょう》となる。したがって、妙法蓮華経の法《ほう》を行《ぎょう》じ、弘《ひろ》める師《し》（法師《ほっし》）となって、大《おお》いなる徳《とく》があるのである。

功《く》は幸《さいわい》ということである。または悪《あく》を滅《めっ》するを功《く》といい、善《ぜん》を生《しょう》ずるを徳《とく》というのである。功徳《くどく》とは即身成仏《そくしんじょうぶつ》であり、また六根清浄《ろっこんしょうじょう》である。

法華経の説《と》く文《もん》の通《とお》りに修行《しゅぎょう》することが、そのまま六根清浄《ろっこんしょうじょう》と心得《こころえ》るべきである。

功徳《くどく》とは揺《ゆ》るぎない幸福境涯《こうふくきょうがい》

「法師功徳《ほっしくどく》」を明《あ》かした「御義口伝《おんぎくでん》」の一節《いっせつ》です〈注8〉。法華経の説《と》く法師《ほっし》（仏法を教《おし》え導《みちび》く人）とは、受持《じゅじ》・読《どく》・誦《じゅ》・解説《げせつ》・書写《しょしゃ》の五《ご》種《しゅ》の妙行《みょうぎょう》〈注9〉を修行《しゅぎょう》する人（五種法師《ごしゅほっし》）です。

「法華経を受《う》け持《たも》ちて南無妙法蓮華経と唱《とな》うる即五種《そくごしゅ》の修行《しゅぎょう》を具足《ぐそく》するなり」（全一二四五ジペー・新二〇八九ジペー）と仰《おお》せの通《とお》り、妙法を唱《とな》え、弘《ひろ》める人、すなわち広宣流布に生《い》き切《き》る人こそが、法師《ほっし》なのです。

では、その法師《ほっし》の受《う》ける功徳《くどく》とは、どういうものなのか。

大聖人は「功徳《くどく》とは即身成仏《そくしんじょうぶつ》なり又六根清浄《またろっこんしょうじょう》なり」と教《おし》えられています。即身成仏《そくしんじょうぶつ》とは、十界互具《じっかいごぐ》の法理《ほうり》の上から、凡夫《ぼんぷ》の身《み》のままで仏《ほとけ》の境涯《きょうがい》を開《ひら》き顕《あらわ》すことができるということです。〝凡夫《ぼんぷ》の身《み》のまま〟です。つまり、悩《なや》み苦《くる》しんでいる自分自身《じぶんじしん》が、そのまま仏《ほとけ》の境涯《きょうがい》を開《ひら》けるのです。

たとえ病気《びょうき》であっても、また、さまざまな悩《なや》みや苦《くる》しみを抱《かか》えていたとしても、そのままで絶対的《ぜったいてき》な幸福《こうふく》を享受《きょうじゅ》していけるのです。

六根《ろっこん》とは、眼《め》・耳《みみ》・鼻《はな》・舌《した》・身《み》・意《い》の六つの感覚《かんかく》・認識器官《にんしききかん》のことです。六根清浄《ろっこんしょうじょう》〈注10〉の功徳《くどく》とは、煩悩《ぼんのう》の影響《えいきょう》を受《う》けず、正しい認識《にんしき》・判断《はんだん》・行動《こうどう》ができるようになる。本来具《ほんらいそな》わる仏《ほとけ》の力《ちから》が十分《じゅうぶん》に発揮《はっき》されるようになるということです。功徳《くどく》とは、揺《ゆ》るぎない幸福境涯《こうふくきょうがい》の異名《いみょう》なのです。

そして、自分《じぶん》だけでなく、苦悩《くのう》する人がいれば、慈悲《じひ》の心を起《お》こして自他共《じたとも》の幸福《こうふく》への道《みち》を開《ひら》いていこうと一緒《いっしょ》に立ち上がっていく。それが六根清浄《ろっこんしょうじょう》の境涯《きょうがい》です。

磨《みが》き抜《ぬ》かれた生命《せいめい》に智慧《ちえ》と勇気《ゆうき》

濁《にご》った生命《せいめい》、つまり低《ひく》い境涯《きょうがい》のままであれば、目《め》に見えるもの、聞《き》こえるものなどが自己自身《じこじしん》の生命《せいめい》の反映《はんえい》であるがゆえに、我《わ》が身《み》と心を苦《くる》しめるものとなってしまいます。それでは、無明《むみょう》の闇《やみ》に覆《おお》われた、不幸《ふこう》の流転《るてん》を止《とど》めることができません。

信心で磨《みが》き抜《ぬ》かれた清浄《しょうじょう》なる生命《せいめい》は、「今日《いま》蓮等《ら》の類《たぐ》い南無妙法蓮華経と唱《とな》え奉《たてまつ》る者《もの》は明鏡《みょうきょう》に万像《まんぞう》を浮《うか》ぶるが如《ごと》く知見《ちけん》するなり」（全七六三ジペー・新一〇六三ジペー）と、全《すべ》てを明《あき》らかに見晴《みは》らしていくことができます。

題目で己心《こしん》の無明《むみょう》を打《う》ち破《やぶ》り、仏《ほとけ》の智慧《ちえ》を出《いだ》せば、生死《しょうじ》も病《やまい》も、忌《い》み嫌《きら》うものではなく、生命《せいめい》が本来《ほんらい》、具《そな》えている本有《ほんぬ》の生死《しょうじ》、本有《ほんぬ》の病《やまい》と捉《とら》えていけるのです。生老病死《しょうろうびょうし》の苦《く る》しみも、幸福《こうふく》をつかむため、今世《こんぜ》の使命《しめい》を果《は》たすための試《し》練《れん》となり、勝利《しょうり》と歓喜《かんき》の生命《せいめい》の舞台《ぶたい》となっていくのです。

「生老病死《しょうろうびょうし》」の四苦《しく》を転《てん》じて、「常楽我浄《じょうらくがじょう》」の四徳《しとく》で人生を荘厳《そうごん》していく、つまり一切《いっさい》を価値創造《かちそうぞう》の力《ちから》に変《か》えていく境涯《きょうがい》の確立《かくりつ》が、六根清浄《ろっこんしょうじょう》の功徳《くどく》です。

法華経では、迫害《はくがい》に屈《くっ》せず、人々の仏性《ぶっしょう》を敬《うやま》う礼拝行《らいはいぎょう》を貫《つらぬ》いた不軽菩薩《ふきょうぼさつ》〈注11〉が「六根清浄《ろっこんしょうじょう》」「更増寿命《きょうぞうじゅみょう》」〈注12〉という功徳《くどく》を成就《じょうじゅ》したと説《と》かれます。

まさに、いかなる圧迫《あっぱく》にも負《ま》けず、「生命尊厳《せいめいそんげん》」「人間尊敬《そんけい》」の対話《たいわ》を実践《じっせん》し抜《ぬ》いている学会員こそ、不軽菩薩《ふきょうぼさつ》のごとく「六根清浄《ろっこんしょうじょう》」「更増寿命《きょうぞうじゅみょう》」の実証《じっしょう》を示《しめ》していく法師《ほっし》の中の大法師《だいほっし》なのです。

三世《さんぜ》に崩《くず》れぬ「心の財《たから》」

スイスの思想家《しそうか》ヒルティ〈注13〉は、病《やまい》について鋭《するど》く洞察《どうさつ》する中で、「悲観的《ひかんてき》な考《かんが》えが絶《た》えず強《つよ》まり」「仮借《かしゃく》せぬ運命《うんめい》にたいする憤《いきどお》り」がつのってしまえば、「結局《けっきょく》、病気《びょうき》そのものよりもさらに大きな禍《わざわ》いともなりかねない」と指摘《してき》しています。

たしかに人は〝なぜ、どうして自分《じぶん》が〟〝もし治《なお》らなければ〟などと、疑問《ぎもん》や感傷《かんしょう》や落胆《らくたん》に支配《しはい》され、病魔《びょうま》に追《お》い込《こ》まれてしまう場合《ばあい》があります。

ヒルティはこうも書《か》いています。

「病苦《びょうく》のなかでの忍耐力《にんたいりょく》や喜《よろこ》びの実例《じつれい》を示《しめ》し、そのような境遇《きょうぐう》にあってもひとは幸福《こうふく》になれるということを実証《じっしょう》するだけでも、それはたいていの完全《かんぜん》に健《けん》康《こう》な人々の果《は》たしている事《こと》よりもまさっている」――

現実《げんじつ》に、自身《じしん》が病《やまい》と闘《たたか》いながらも強《つよ》く生き抜《ぬ》き、その体験《たいけん》があるからこそ、計《はか》り知《し》れない希望《きぼう》と勇気《ゆうき》を多くの人々に送《おく》っている崇高《すうこう》な姿《すがた》を私たちは数多《かずおお》く知《し》っています。広宣流布という最高《さいこう》の使命《しめい》の道《みち》を悔《く》いなく歩《あゆ》んできた勝利《しょうり》の証《あかし》とも言《い》えるでしょう。

当然《とうぜん》、年をとれば持病《じびょう》などに苦《くる》しむ場合《ばあい》もあります。しかし〝自分《じぶん》は健康《けんこう》ではないから〟などと、心が退《しりぞ》いてはいけません。

大聖人は、「早《はや》く心《こころ》ざしの財《たから》をかさねていそぎいそぎ御対治《ごたいじ》あるべし」（全九八六ページ・新一三〇八ページ）と仰《おお》せです。「このやまひは仏《ほとけ》の御《おん》はからひ」（全一四八〇ページ・新一九六二ページ）、「病《やまい》ある人《ひと》仏《ほとけ》になる」（同）と断言《だんげん》されています。強盛《ごうじょう》に祈《いの》っていくのです。いよいよの信心で進《すす》むのです。必《かなら》ず深《ふか》い意味《いみ》があります。

ともあれ、つらい経験《けいけん》を乗《の》り越《こ》えた人ほど、偉大《いだい》な使命《しめい》があるのです。そう見ていくのが信心の眼《まなこ》であり、菩薩道《ぼさつどう》の人生です。

それは、「蔵《くら》の財《たから》」「身《み》の財《たから》」よりも「心の財《たから》」を第一《だいいち》に生きる人生ともいえます。前《まえ》へ前《まえ》へと我《わ》が使命《しめい》を誇《ほこ》り高《たか》く、朗《ほが》らかに果《は》たし抜《ぬ》いて、三世《さんぜ》に崩《くず》れない「心の財《たから》」を積《つ》み重《かさ》ねていくのです。広宣誓願《せいがん》という大きな心で進《すす》めば、無《む》量無辺《りょうむへん》の福徳《ふくとく》が積《つ》まれていくのです。

「法華経の説文《せつもん》の如《ごと》く修行《しゅぎょう》するを六根清浄《ろっこんしょうじょう》と得意可《こころうべ》きなり」と、何《なに》があっても負《ま》けない自分自身《じぶんじしん》の前向《まえむ》きな生き方の中にこそ、六根清浄《ろっこんしょうじょう》の大生命《だいせいめい》は輝《かがや》くのです。

新《あら》たな時代《じだい》を築《きず》くチャンスに

世界中《せかいじゅう》でコロナ禍《か》に立《た》ち向《む》かっているなかで、平和学者《へいわがくしゃ》のケビン・クレメンツ博士〈注14〉が声明《せいめい》を発表《はっぴょう》しました。

「このたびのパンデミック（世界的大流行《せかいてきだいりゅうこう》）は、恐怖《きょうふ》と混乱《こんらん》と不安《ふあん》をもたらしましたが、新《あら》たなビジョンを築《きず》くための機会《きかい》――より共感的《きょうかんてき》、平等《びょうどう》で、恐《おそ》れが少《すく》なく、汚染《おせん》が低減《ていげん》され、自然《しぜん》と調和《ちょうわ》した世界《せかい》を築《きず》く唯一無二《ゆいいつむに》の機会《きかい》も提示《ていじ》しているのです。これは、創造的《そうぞうてき》な可能性《かのうせい》が開《ひら》かれた瞬間《しゅんかん》です。今回《こんかい》の世界危機《せかいきき》がもたらした一つの結果《けっか》として、今世紀《こんせいき》の大きな課題《かだい》に応《こた》えられるだけの世界《せかい》を共《とも》に創出《そうしゅつ》していこうではありませんか」

この未曾有《みぞう》の危機《きき》を、新《あら》たな時代《じだい》を築《きず》くチャンスにとの提案《ていあん》に、私も賛同《さんどう》します。

「生命尊厳《せいめいそんげん》」「人間尊敬《そんけい》」の哲学《てつがく》

コロナ禍《か》という未聞《みもん》の試練《しれん》は、気候変動《きこうへんどう》の問題《もんだい》とともに多《おお》くの人々の生命《せいめい》と生活《せいかつ》と尊厳《そんげん》を脅《おびや》かしています。この危機《きき》を打開《だかい》するためには、今《いま》まで以上《いじょう》に、国と国などの垣根《かきね》を越《こ》えた「行動《こうどう》の連帯《れんたい》」が要請《ようせい》されています。

そして「健康《けんこう》な社会《しゃかい》」「共生《きょうせい》の世界《せかい》」を築《きず》くために、「生命尊厳《せいめいそんげん》」の哲学《てつがく》と

「人間尊敬《そんけい》」の智慧《ちえ》と実践《じっせん》が希求《ききゅう》されています。
今《いま》、世界各国《せかいかっこく》の創価の同志《どうし》は、かってない困難《こんなん》と変動《へんどう》に挑《いど》みつつ、「一身《いっしん》の安堵《あんど》を思《おも》わば先《ま》ず四表《しひょう》の静謐《せいひつ》を禱《いの》らん者《もの》か」（全三一ジペー・新四四ジペー）との誓《ちか》いを共有《きょうゆう》して行動《こうどう》し、希望《きぼう》と蘇生《そせい》の光《ひかり》を人々に送《おく》っています。なかんずく地涌《じゆ》の青年が先頭《せんとう》に立って励《はげ》ましの対話《たいわ》を広《ひろ》げ、父母《ちちはは》から受《う》け継《つ》いだ「一人《ひとり》を大切《たいせつ》にする」学会の伝統精神《でんとうせいしん》が、いやまして輝《かがや》きを放《はな》っています。

「健康《けんこう》な社会《しゃかい》」「励《はげ》ましの社会《しゃかい》」を

妙法という人間の善性《ぜんせい》を生命《せいめい》の根底《こんてい》から呼《よ》び覚《さ》ます秘法《ひほう》をもった私たちは、一段《いちだん》と決意《けつい》を深《ふか》めて一人《ひとり》一人の仏性《ぶっしょう》を呼《よ》び覚《さ》まし、「健康《けんこう》な社会《しゃかい》」「励《はげ》ましの社《しゃ》会《かい》」の構築《こうちく》へ、賢《かしこ》く朗《ほが》らかに前進《ぜんしん》していこうではありませんか！

［注　解］

〈注1〉この総会《そうかい》で池田先生が拝《はい》した御文《ごもん》は、医師《いし》でもある鎌倉《かまくら》の門下《もんか》・四条金吾《しじょうきんご》に送《おく》られた「夫《そ》れ人《ひと》に二病《にびょう》あり、一《いち》には身《み》の病《やまい》所謂《いわゆる》地大百一《ちだいひゃくいち》・水大百一《すいだいひゃくいち》・火大百一《かだいひゃくいち》・風大百一《ふうだいひゃくいち》・已上《いじょう》四百四病《しひゃくしびょう》・此《こ》の病《やまい》は治水《じすい》・流水《るすい》・耆婆《ぎば》・偏鵲《へんじゃく》等の方薬《ほうやく》をもって此《こ》れを治《じ》す、二《に》には心の病《やまい》所謂三毒《いわゆるさんどく》・乃至《ないし》八万四千《はちまんよんせん》の病《やまい》なり、仏《ほとけ》に有《あ》らざれば二天《にてん》・三仙《さんせん》も治《じ》しがたし何《いか》に況《いわん》や神農《じんのう》黄帝《こうてい》の力及《ちからおよ》ぶべしや」（「中務左衛門尉殿御返事《なかつかささえもんのじょうどのごへんじ》」、全一一七八ページ・新一六〇二ページ）の一節《いっせつ》。

〈注2〉【貪瞋癡《とんじんち》】生命《せいめい》の最《もっと》も根源的《こんげんてき》な煩悩《ぼんのう》である、「貪《むさぼ》り」「瞋《いか》り」「癡《おろ》か」のこと。三毒《さんどく》と呼《よ》ばれる。

〈注3〉【無明《むみょう》】生命《せいめい》の根源的《こんげんてき》な無知《むち》。究極《きゅうきょく》の真実《しんじつ》を明《あ》かした妙法を信《しん》じられず理解《りかい》できない癡《おろ》かさ。また、その無知《むち》から起《お》こる暗《くら》い衝動《しょうどう》。

〈注4〉【太田左衛門尉御返事《おおたさえもんのじょうごへんじ》】弘安元年《こうあんがんねん》（一二七八年）、下総国《しもうさのくに》（千葉・茨城県などの一部）に住《す》む門下《もんか》である太田乗明《おおたじょうみょう》に送《おく》られた。五十七歳《さい》の厄年《やくどし》の不安《ふあん》をつづった乗明《じょうみょう》からの書状《しょじょう》への御返事《ごへんじ》。法華経こそが身心《しんしん》の苦《く》を治《なお》す良薬《りょうやく》であることを示《しめ》されている。

〈注5〉【四悉檀《ししつだん》】仏《ほとけ》の教法《きょうほう》を四種《しゅ》に分《わ》けたもの。『大智度論《だいちどろん》』巻《まき》一などに説《と》かれる。①世界悉檀《せかいしつだん》

（人々が願《ねが》い欲《ほっ》する所《ところ》に応《おう》じて法《ほう》を説《と》くこと）、②為人悉檀《いにんしつだん》（機根《きこん》などが異《こと》なる人それぞれに応《おう》じて法《ほう》を説《と》いて教《おし》え導《みちび》くこと）、③対治悉檀《たいじしつだん》（貪《むさぼ》り・瞋《いか》り・癡《おろ》かなどの煩悩《ぼんのう》を対治《たいじ》するために、それに応《おう》じた法《ほう》を説《と》くこと）、④第一義悉檀《だいいちぎしつだん》（仏《ほとけ》が覚《さと》った真理《しんり》を直《ただ》ちに説《と》いて衆生《しゅじょう》を覚《さと》らせること）。

〈注6〉【随方毘尼《ずいほうびに》】仏法の根本《こんぽん》の法理《ほうり》に違《たが》わないかぎり、各国《かっこく》・各地域《かくちいき》の風俗《ふうぞく》や習慣《しゅうかん》、時代《じだい》ごとの風習《ふうしゅう》を尊重《そんちょう》し、随《したが》うべきであるとした教《おし》え。随方随時毘尼《ずいほうずいじびに》ともいう。

〈注7〉【抜苦与楽《ばっくよらく》】苦《く》を除《のぞ》き楽《らく》を与《あた》えること。仏《ほとけ》の慈悲《じひ》の行為《こうい》をいう。

〈注8〉ここで拝《はい》する「御義口伝《おんぎくでん》」の一節《いっせつ》は、「法師功徳品《ほっしくどくほん》（第《だい》十九）四箇《しか》の大事《だいじ》」のうち「第一《だいいち》法師功徳《ほっしくどく》の事《こと》」の講義《こうぎ》から。

〈注9〉【五種《ごしゅ》の妙行《みょうぎょう》】法華経に説《と》かれる、釈尊滅後《しゃくそんめつご》における五つの修行《しゅぎょう》のこと。受持《じゅじ》・読《どく》（経文《きょうもん》を見ながら読《よ》む）・誦《じゅ》（経文《きょうもん》を暗誦《あんしょう》する）・解説《げせつ》・書写《しょしゃ》の五つ。

〈注10〉【六根清浄《ろっこんしょうじょう》】法華経の信仰《しんこう》と実践《じっせん》により、六根《ろっこん》が清《きよ》らかになることでもたらされる種々《しゅじゅ》の功徳《くどく》のこと。法華経法師功徳品第《ほっしくどくほんだい》十九に説《と》かれる。六根《ろっこん》とは眼《め》・耳《みみ》・鼻《はな》・舌《した》・身《み》・意《い》の六つの感覚《かんかく》・認識器官《にんしききかん》のことで、これらが煩悩《ぼんのう》の影響《えいきょう》を受《う》けず、正しく働《はたら》き、清《きよ》らかになることを六根清浄《ろっこんしょうじょう》という。この六根清浄《ろっこんしょうじょう》の結果《けっか》、種々《しゅじゅ》の功徳《くどく》がもたらされる。

〈注11〉【不軽菩薩《ふきょうぼさつ》】法華経常不軽菩薩品第《じょうふきょうぼさつほんだい》二十に説《と》かれる菩薩《ぼさつ》。釈尊《しゃくそん》の過去世《かこせ》の姿《すがた》で、威音王仏《いおんのうぶつ》の像法時代《ぞうほうじだい》の末《まつ》に、「私はあなたたちを敬《うやま》う。なぜなら、あなたたちは菩薩《ぼさつ》の修行《しゅぎょう》をすれば、仏《ほとけ》になるからです」と、万人《ばんにん》を礼拝《らいはい》した。慢心《まんしん》の比丘《びく》（出家《しゅっけ》の男性《だんせい》）・比丘尼《びくに》（出家《しゅっけ》の女性《じょせい》）・優婆塞《うばそく》（在家《ざいけ》の男性《だんせい》）・優婆夷《うばい》（在家《ざいけ》の女性《じょせい》）の「上慢《じょうまん》の四衆《ししゅ》」から悪口罵詈《あっくめり》や杖《じょう》木瓦石《もくがしゃく》の迫害《はくがい》を受《う》けたが、礼拝行《らいはいぎょう》を貫《つらぬ》き通《とお》した。その修行《しゅぎょう》が因《いん》となって成仏《じょうぶつ》した。

〈注12〉【更増寿命《きょうぞうじゅみょう》】 法華経常不軽菩薩品第二十《じょうふきょうぼさつほんだい》の一節《いっせつ》（法華経五五九㌻）。「更《さら》に寿命《じゅみょう》を増《ま》す」と読《よ》み下《くだ》す。不軽菩薩《ふきょうぼさつ》が六根清浄《ろっこんしょうじょう》の功徳《くどく》を得《え》た時《とき》に、更《さら》に二百万億那由他歳《にひゃくまんのくなゆたさい》の寿命《じゅみょう》を増《ま》して、広《ひろ》く人のために法華経を説《と》いたことが示《しめ》されている。

〈注13〉【ヒルティ】 一八三三年〜一九〇九年。カール・ヒルティ。スイスの思想家《しそうか》、法学者《ほうがくしゃ》。著《ちょ》書《しょ》に『幸福論《こうふくろん》』『眠《ねむ》られぬ夜《よる》のために』などがある。引用《いんよう》は、『幸福論《こうふくろん》』（草間平作・大和邦太郎訳、岩波書店）から。

〈注14〉【ケビン・クレメンツ博士】 一九四六年〜。平和学者《へいわがくしゃ》。ニュージーランド出身《しゅっしん》。アメリカのジョージ・メイソン大学紛争《ふんそう》・解決研究所《かいけつけんきゅうじょ》の所長《しょちょう》や国際平和研究《こくさいへいわけんきゅう》学会（ＩＰＲＡ）の事《じ》務局長等《むきょくちょうとう》を歴任《れきにん》。二〇一七年から池田先生が創立《そうりつ》した戸田記念国際平和研究所《きねんこくさいへいわけんきゅうじょ》の所長《しょちょう》を務《つと》めている。池田先生との対談集《たいだんしゅう》『平和《へいわ》の世紀《せいき》へ　民衆《みんしゅう》の挑戦《ちょうせん》』（潮出版社）がある。声明《せいめい》は二〇二〇年七月七日付の「聖教新聞」で紹介《しょうかい》。

池田大作（いけだ・だいさく）

1928年（昭和3年）、東京生まれ。創価学会名誉会長。創価学会インタナショナル（SGI）会長。創価大学、アメリカ創価大学、創価学園、民主音楽協会、東京富士美術館、東洋哲学研究所、戸田記念国際平和研究所などを創立。世界各国の識者と対話を重ね、平和、文化、教育運動を推進。国連平和賞のほか、モスクワ大学、グラスゴー大学、デンバー大学、北京大学など、世界の大学・学術機関の名誉博士、名誉教授、さらに桂冠詩人・世界民衆詩人の称号、世界桂冠詩人賞、世界平和詩人賞など多数受賞。

著書は『人間革命』（全12巻）、『新・人間革命』（全30巻）など小説のほか、対談集も『二十一世紀への対話』（A・J・トインビー）、『二十世紀の精神の教訓』（M・ゴルバチョフ）、『平和の哲学　寛容の智慧』（A・ワヒド）、『地球対談　輝く女性の世紀へ』（H・ヘンダーソン）など多数。

健康の世紀へ
福徳長寿の智慧

発行日　二〇二一年一月二十六日
第3刷　二〇二三年一月十五日

著者　池田大作
発行者　松岡資
発行所　聖教新聞社
〒一六〇―八〇七〇　東京都新宿区信濃町七
電話　〇三―三三五三―六一一一（代表）

印刷・製本　図書印刷株式会社

定価は表紙に表示してあります

ISBN978-4-412-01674-3